FIND THE NUMBERS

4	8	1	8	4	3	0	1	1	7	4	1	1	4	7
6	8	4	7	0	0	7	5	1	0	3	1	2	3	1
2	3	4	1	4	2	8	7	4	5	5	8	1	8	6
8	8	2	7	0	6	2	6	8	3	4	5	9	0	5
1	1	4	1	8	2	0	0	1	0	0	8	3	2	3
8	4	4	9	4	4	1	4	1	0	3	0	2	4	1
3	0	5	4	0	6	1	9	8	9	0	4	1	2	5
4	5	5	4	7	0	8	0	2	1	0	2	9	2	7
8	4	8	8	7	7	8	9	6	0	4	3	2	0	6
0	7	1	8	4	8	6	7	4	8	3	4	8	8	3
0	8	0	8	1	9	4	8	4	4	8	4	7	8	7
2	8	1	0	3	3	0	8	7	1	1	5	7	3	2
8	8	1	0	1	4	3	0	8	0	1	2	2	8	5
0	8	9	4	4	1	8	0	8	4	2	4	0	0	9
8	9	4	4	1	4	2	7	0	2	9	4	7	6	5

002808	800948	60214498
14498	818348	072414498
20148	1014308	80814498
21468	1405478	81855478
50258	1746048	242208838
74418	2001008	786774418
203478	8033018	741147110348
214098	030141449	741147800948
547848	60148748	

FIND THE NUMBERS

```
1  1  7  1  6  1  1  0  7  0  8  9  4  4  5
7  7  5  1  3  3  4  3  8  7  1  0  3  0  4
3  0  0  0  1  4  8  0  9  4  4  4  1  6  3
4  4  4  8  7  1  8  8  9  0  4  0  2  4  1
8  4  9  9  3  4  0  9  8  0  0  5  4  7  3
4  3  2  8  0  8  9  2  2  7  2  2  4  4  2
1  5  4  7  2  9  2  7  0  0  5  4  1  4  1
4  4  7  7  4  8  8  0  0  2  3  4  9  2  5
2  8  5  4  4  5  1  4  3  9  0  1  4  0  8
4  3  5  0  9  1  4  5  1  0  8  8  0  3  0
3  6  7  7  2  4  0  5  8  8  2  4  0  6  9
0  4  5  8  4  8  2  7  8  9  9  4  7  8  6
0  7  2  7  4  7  4  9  9  1  1  5  2  8  0
3  9  1  7  5  2  4  4  3  9  3  0  0  8  5
4  6  6  5  8  5  1  8  3  9  4  7  2  2  0
```

07011	27899478	84142430034
144047	34482054	201985182894
824203	57494293	205981489094
857474	85183947	
00942090	110202080	
1420409	170838203	
3871030	185454724	
7014743	3445788836	
013029843	58748907947	

FIND THE NUMBERS

```
4  2  7  5  4  1  7  4  9  8  8  3  7  0  2
7  0  4  9  3  1  2  4  9  3  8  1  8  3  4
0  3  0  2  7  0  7  1  6  8  2  0  5  7  3
7  8  2  5  6  5  3  6  6  4  1  6  3  6  4
2  5  3  8  5  3  2  5  1  5  1  0  9  0  2
4  4  4  5  8  8  4  4  9  9  4  2  0  1  9
3  1  3  4  4  7  7  4  7  9  4  7  1  3  7
4  3  8  3  2  3  2  2  7  4  2  9  0  2  8
3  0  8  8  4  7  4  8  0  2  8  1  4  5  3
2  4  0  1  8  9  8  4  3  9  0  8  1  5  0
5  4  4  4  9  8  8  7  4  1  8  3  4  4  1
8  2  4  2  2  0  3  8  4  3  2  4  3  3  2
7  8  0  4  8  3  4  2  7  0  7  3  3  8  1
8  8  4  7  9  8  8  7  0  7  2  0  4  3  7
2  1  7  2  4  7  4  7  4  3  2  4  2  8  3
```

74641	342978301
827882	381478894
897488	7072438408
1707203	17497477443
2073889	27788943342
3001894	
7072434	
24748843	
247474324	

FIND THE NUMBERS

1	5	0	8	0	1	9	4	8	5	7	8	3	6	8
5	4	2	0	4	5	2	9	0	8	4	4	2	0	5
5	1	4	1	4	5	0	2	8	2	0	3	9	6	0
1	0	3	9	2	2	4	6	0	2	0	1	1	1	7
0	7	9	4	1	2	0	7	4	5	5	0	7	2	2
4	5	9	0	4	0	1	5	3	2	1	5	0	4	5
3	4	1	4	1	0	0	8	4	4	5	4	0	1	6
5	0	5	0	1	5	4	4	4	0	2	1	6	8	4
8	0	3	1	2	8	8	4	9	0	5	0	5	3	3
5	0	4	0	5	4	3	4	8	2	8	6	2	5	2
5	4	3	0	1	0	1	4	1	5	6	4	7	8	5
3	3	8	9	0	8	5	1	9	3	4	4	0	6	4
5	0	5	2	3	4	2	0	4	8	8	3	4	0	3
5	7	3	1	2	3	4	5	3	7	0	0	3	4	5
3	3	8	5	4	0	0	5	5	3	9	3	9	7	0

14491004	541075400	70554702149
24602011	1054106443	801948578368
97411420	3089438149	
344981943	50901584138	

FIND THE NUMBERS

4	2	4	0	1	4	4	0	3	6	6	7	0	0	9
9	8	7	6	0	0	0	2	8	8	3	2	4	9	6
2	5	9	4	4	6	4	6	2	9	4	2	6	4	5
0	3	0	1	1	9	7	4	0	9	7	0	1	1	6
9	5	7	3	3	8	0	2	3	4	2	4	5	3	0
4	0	3	4	4	4	7	6	4	5	2	5	4	2	3
7	5	4	8	7	2	9	0	1	2	9	1	8	5	7
1	0	7	4	3	8	2	1	1	1	0	1	6	4	1
0	3	8	7	0	0	3	4	4	8	4	2	3	7	2
3	0	0	4	9	9	0	7	2	5	2	9	9	4	7
4	9	9	8	2	7	9	5	5	8	0	1	4	1	4
9	0	3	6	3	5	3	0	9	7	0	7	7	3	5
5	0	4	7	2	4	2	2	1	5	6	2	2	2	1
1	0	0	9	9	9	9	5	7	3	2	3	0	5	3
5	7	6	8	2	0	2	3	1	1	5	3	3	1	1

24274	27099400	974097011
2432083	94116094	10208242243
2834701	209471034	
7486798	270541943	
9073478	281078147	

FIND THE NUMBERS

3	8	0	2	7	8	5	8	2	4	0	2	8	6	6
5	1	3	5	6	4	3	2	5	4	6	9	3	0	5
4	2	8	4	9	4	7	4	0	3	1	4	4	8	6
4	9	2	8	8	2	6	3	1	3	5	0	4	0	4
9	7	7	4	8	9	4	3	5	1	1	6	0	1	2
1	8	0	9	0	1	8	4	8	7	0	1	8	8	5
8	3	7	0	7	3	0	9	1	3	4	5	4	3	3
2	5	8	4	9	6	8	2	4	1	7	0	3	6	2
8	4	4	9	3	2	0	4	2	5	0	4	1	4	8
7	4	9	5	0	3	3	4	1	4	5	4	2	4	2
6	9	8	7	1	7	0	0	7	0	5	1	7	2	3
3	3	4	7	0	5	5	1	8	1	4	9	4	9	0
6	8	3	1	4	5	5	4	7	8	3	6	8	9	5
5	4	5	3	0	7	3	4	8	9	0	1	1	0	8
9	1	4	5	2	8	8	7	4	2	4	2	1	4	7

022459	1033478	455478368
345433	1740679	549898438
501143	2403841	801109843
501581	7494824	802785824
740143	9740114	803290074
747848	022473836	
801497	27078498	
801836	74242147	

FIND THE NUMBERS

0	2	8	7	2	0	1	0	9	4	4	8	3	7	3
6	2	2	8	8	0	5	4	1	3	0	2	0	0	3
9	4	2	3	0	1	0	1	1	2	5	7	4	2	5
1	0	8	5	4	7	2	6	0	5	9	0	1	1	6
4	1	3	3	0	2	4	8	5	1	4	5	1	0	4
7	9	3	1	8	2	1	0	5	1	4	4	0	7	6
0	7	0	5	5	7	0	8	8	4	9	7	1	3	9
1	0	4	8	9	2	4	8	1	4	9	4	8	4	0
4	2	9	0	1	5	7	0	8	7	2	3	4	3	1
3	7	9	9	6	4	1	4	2	8	4	4	7	5	4
5	8	7	5	4	3	1	2	8	8	6	2	1	9	7
6	3	1	9	8	2	4	1	1	3	1	3	8	4	7
5	0	4	1	0	0	5	2	0	1	4	3	6	4	4
5	1	4	9	0	1	8	9	5	0	2	2	0	4	2
9	4	2	0	4	8	3	0	4	1	2	7	5	9	1

03059	147014	2140384
11055	147742	2436047
014364	174284	2783014
018471	182047	05570884
074084	203314	011418094
088863	243847	205981094
107343	0994259	270547434
145088	1010324	287201094

FIND THE NUMBERS

```
4  2  1  9  6  5  6  0  0  1  3  2  1  7  3
0  7  8  2  8  4  6  4  1  4  3  7  2  4  9
2  3  7  4  2  4  6  3  8  9  8  4  3  8  1
1  4  2  3  4  6  8  1  1  4  9  3  8  7  7
8  0  3  2  5  4  7  1  5  7  9  7  4  0  3
1  3  8  8  0  4  5  3  6  1  3  2  1  4  8
7  4  4  2  4  7  7  1  0  7  8  4  8  2  9
8  1  3  5  8  3  6  2  1  0  7  7  5  6  5
4  7  0  9  0  5  0  4  5  6  3  0  4  0  2
5  3  4  2  2  0  8  2  7  8  7  1  1  5  1
1  8  8  8  3  7  4  9  0  5  2  4  2  9  5
0  0  2  7  3  3  0  0  7  7  4  1  1  4  3
5  9  3  5  2  4  0  2  4  0  2  6  9  3  4
4  6  5  2  9  0  8  2  8  5  8  8  4  5  3
8  4  1  1  0  8  2  4  2  7  8  4  3  5  6
```

509074	24250947	74246389843
2027834	70203483	839411864324
5746702	0798582801	
8438478	9427341464	

Puzzle #9

FIND THE NUMBERS

2 1 3 2 1 5 5 4 3 2 3 6 1 0 3
3 8 2 0 7 8 7 4 7 7 8 2 0 3 1
3 8 2 0 2 7 9 8 0 3 0 5 3 0 2
4 7 7 9 4 5 0 7 5 4 4 5 8 5 9
6 7 2 4 0 7 3 9 6 5 8 0 6 6 0
5 9 1 0 9 2 4 1 8 8 5 7 4 1 6
5 5 0 2 4 0 7 5 8 4 1 8 2 0 5
0 2 2 6 4 2 8 3 4 0 1 3 1 2 0
0 7 1 1 2 7 8 3 4 3 5 1 0 5 1
6 3 3 2 2 8 4 1 0 7 3 1 8 4 9
5 0 9 0 2 3 9 9 4 7 7 4 1 7 7
2 5 2 0 1 2 0 9 5 3 4 4 7 8 6
2 7 1 2 3 1 1 5 5 5 4 3 1 8 1
9 0 8 1 1 8 6 7 9 8 3 2 1 7 7
8 7 4 5 2 0 1 5 4 9 8 4 5 7 5

34478	5433478	9081186798
74438	6781148	89451025478
1025478	703809478	
2877478	7403186798	

FIND THE NUMBERS

```
1 7 1 8 4 8 7 6 2 9 4 1 4 3 4
2 3 3 3 0 1 9 7 4 5 4 7 1 3 0
2 1 3 5 9 0 5 7 2 8 9 8 7 3 0
1 1 8 1 1 2 9 4 4 5 4 3 3 4 1
8 3 4 3 1 4 7 8 7 0 7 0 1 0 0
4 4 1 1 1 7 3 3 4 9 8 4 1 8 3
3 1 1 5 4 3 8 4 9 7 2 9 7 5 3
2 0 9 4 6 1 7 2 2 1 9 4 4 7 1
3 7 3 9 6 3 0 1 1 0 8 4 7 3 1
1 7 8 3 0 3 2 3 0 7 7 1 3 9 5
8 7 3 2 9 4 0 7 3 2 0 0 4 0 7
7 4 2 1 0 5 8 8 8 7 5 2 4 2 8
1 4 0 9 6 6 0 7 4 4 2 4 3 9 0
6 7 3 8 3 4 4 7 5 1 8 2 5 8 3
4 2 0 8 7 5 1 4 3 0 1 8 7 5 3
```

148943	3424470	54791033
301108	3497489	214141033
342070	4001033	547924797
343147	4001033	1480364148
941434	5744383	578103415780
2425788	7408943	
2782064	8409914	

FIND THE NUMBERS

7	4	1	8	7	9	3	8	1	5	8	1	3	2	2
5	4	9	8	2	0	9	0	2	1	0	9	6	7	4
2	7	1	7	4	9	7	0	0	8	1	9	4	8	3
0	8	4	8	4	6	1	4	9	6	0	8	0	9	4
9	1	1	3	7	3	7	0	1	7	8	9	2	4	3
4	0	8	8	2	0	9	4	2	4	3	7	6	7	6
9	5	3	1	5	7	1	4	4	7	3	4	3	8	0
0	9	0	2	6	5	2	4	3	3	0	0	1	1	7
8	7	4	1	8	7	3	0	4	7	1	2	9	4	4
8	0	7	4	0	8	9	4	3	8	0	7	8	7	1
1	6	6	3	8	2	4	4	2	1	1	2	8	8	0
3	1	0	4	8	6	3	8	7	4	1	5	0	4	1
9	4	2	8	1	4	3	4	5	7	0	2	7	0	7
4	4	0	4	6	0	7	4	7	2	3	0	2	1	5
2	8	3	4	9	0	8	0	4	7	4	9	5	8	0

011034	032747064	6744317847
34147	41078147	7408094382
897402	147836840	24343607410
2090210	543418249	186747378147
2442836	574327203	
7408943	1740378147	
9743943	2789478147	
18820720	5183978147	

FIND THE NUMBERS

2	9	5	2	8	1	0	8	5	4	8	4	0	9	2
0	4	5	3	7	9	2	0	0	7	2	4	1	7	1
9	0	5	1	2	8	6	9	2	3	0	9	8	4	3
6	0	5	4	7	1	9	0	1	1	8	3	3	0	6
5	9	5	3	3	0	3	0	3	5	6	8	6	1	8
1	7	8	0	5	7	3	2	4	8	9	1	1	1	7
1	1	4	7	0	3	0	4	1	7	2	8	9	4	6
5	4	6	1	2	3	0	6	1	1	0	4	3	7	7
0	2	5	1	3	2	5	4	0	1	4	5	8	1	3
4	4	5	4	1	5	3	7	3	4	4	7	5	8	2
4	1	1	1	3	4	9	7	5	8	3	8	7	3	4
4	5	2	4	6	9	7	2	2	0	7	3	5	4	6
4	5	7	8	3	6	6	6	3	3	0	3	4	4	8
0	8	5	4	7	5	6	1	0	4	2	2	0	8	5
6	3	2	6	6	8	1	6	2	5	5	4	9	2	1

84580	506741	170341148
147183	3824884	2454370604
184334	9011833	
203783	74188308	

FIND THE NUMBERS

2	2	0	3	3	9	3	9	3	2	8	9	5	5	3
3	4	5	8	8	1	4	6	0	3	9	5	1	7	0
9	3	9	4	3	4	9	0	1	5	0	1	3	0	4
4	6	0	0	1	6	3	3	7	8	5	0	0	0	3
2	8	1	3	5	4	3	4	1	2	9	7	4	6	3
5	7	5	7	2	6	5	7	0	2	3	0	0	3	2
1	8	0	2	8	6	3	4	0	4	5	9	9	1	4
4	0	0	8	4	8	5	7	7	7	2	7	3	0	2
1	8	1	2	5	1	9	0	2	2	4	4	0	9	9
9	6	6	2	3	0	4	4	7	7	0	3	1	4	9
2	5	3	8	4	7	8	4	8	0	4	4	4	3	9
2	8	8	7	9	0	0	8	5	7	3	8	1	1	5
1	5	0	5	2	0	8	4	4	7	4	4	0	5	6
7	0	4	9	0	8	3	0	1	6	4	8	9	6	0
1	5	0	3	2	9	3	5	4	1	1	7	1	7	6

07434	942514	8879008
20844	0974348	788948748
38040	2404348	6103809407
38403	02745414	
510943	4142584	
890909	07278541	

FIND THE NUMBERS

```
8  2  6  9  8  5  8  8  4  7  2  7  5  0  3
3  6  1  3  0  1  0  2  9  2  6  7  4  3  7
4  7  3  8  8  0  4  0  1  7  5  2  4  1  3
7  6  6  8  5  2  3  9  9  6  0  6  7  3  3
0  8  3  3  3  5  0  0  9  4  2  7  4  8  8
4  5  5  8  7  1  3  7  5  0  6  1  4  3  8
1  4  4  4  2  0  8  8  7  2  4  7  5  5  6
1  1  5  1  7  0  6  0  1  4  1  1  0  2  8
8  3  6  2  2  9  7  7  1  8  6  9  0  8  3
3  3  4  3  0  7  3  9  0  4  3  3  6  1  8
6  1  7  3  8  6  4  8  7  2  3  6  0  0  6
6  4  5  2  6  1  3  8  1  4  8  4  3  1  6
1  4  9  3  2  0  8  5  2  8  8  3  1  3  6
0  5  2  4  4  7  8  3  4  2  3  4  6  3  0
5  4  2  4  7  1  8  5  9  8  3  6  3  3  0
```

381836	21855381836	348479702836
009427488	83470411836	542471859836
009467088	85479381836	
27488589	103647702836	
3706702836	143410813836	

FIND THE NUMBERS

5	7	5	0	9	8	8	4	1	9	8	7	8	5	8
5	8	0	3	4	8	8	8	4	7	5	4	3	1	1
7	5	1	2	8	4	1	0	8	0	2	2	6	5	4
6	4	6	0	0	1	1	0	5	4	4	2	8	4	0
6	7	1	5	1	9	9	4	0	0	3	5	0	3	8
8	8	4	3	8	5	5	0	7	3	0	3	5	2	8
0	3	7	0	5	5	4	8	0	2	2	0	0	6	9
1	5	1	5	7	3	4	2	6	7	3	5	3	8	4
5	4	0	6	5	6	4	2	4	5	1	0	3	0	3
8	0	7	0	4	8	4	7	7	4	2	9	1	7	8
6	1	7	4	7	9	6	7	3	7	1	8	0	4	0
9	5	4	7	8	9	1	1	7	1	9	6	3	4	2
6	8	8	4	3	8	2	4	4	1	6	0	8	0	2
8	4	5	4	1	4	2	3	1	4	7	4	3	4	2
8	8	4	3	8	7	0	4	2	2	2	8	1	9	9

03503	943802	3457488843
61442	1474342	03705583488
244501	1474342	6144283488
288474	5098604	8587891488
0370554	8033488	
614424	240783488	
847742	2410327414	

Puzzle #16

FIND THE NUMBERS

8	1	6	1	0	3	2	7	0	2	4	2	3	8	2
5	5	4	1	5	2	0	2	4	3	9	7	6	5	0
5	0	7	0	2	3	4	7	8	2	4	2	0	5	7
3	0	4	7	0	7	4	5	2	7	1	2	0	3	3
5	1	2	5	0	3	8	1	4	4	8	0	3	0	4
5	4	2	3	0	2	9	1	3	5	7	2	4	0	7
2	7	0	2	2	6	1	8	1	0	3	8	3	0	3
1	8	3	4	7	2	0	0	4	4	2	3	9	4	1
4	4	8	7	3	2	4	1	6	4	4	8	5	8	9
5	8	9	6	8	4	9	0	1	4	7	9	1	1	7
0	4	8	0	0	4	1	0	8	4	8	6	5	2	2
1	2	8	4	1	4	1	0	2	4	7	3	0	0	2
0	0	2	0	8	8	4	2	3	6	2	0	0	9	4
5	1	0	1	4	3	8	0	0	8	1	4	2	5	0
2	9	8	5	6	4	8	9	7	8	1	9	5	0	9

00398	01889	03243
01000	02074	03439
01207	02148	03814
01247	02439	03898
01414	02473	06054
01434	02514	06744
01438	02743	06882
01478	02838	07247
01479	03143	

Puzzle #17

FIND THE NUMBERS

0	4	4	2	1	3	5	5	6	6	9	5	6	1	6
0	9	9	7	8	1	0	9	4	9	6	3	5	0	2
0	7	9	3	4	2	3	6	8	8	8	0	1	7	5
2	1	7	4	0	4	0	3	4	1	0	5	9	7	0
1	5	4	4	3	0	3	6	3	4	2	2	2	8	2
1	0	3	7	9	9	0	0	3	8	4	3	2	4	2
2	3	2	5	0	8	8	4	9	6	0	6	4	7	2
9	8	4	4	1	6	3	4	1	8	0	1	4	8	1
9	6	2	5	3	6	4	0	3	8	9	9	9	1	7
2	9	7	3	4	8	9	2	0	7	9	9	0	4	3
5	6	0	9	3	4	2	8	8	4	8	8	0	7	4
9	5	3	0	4	7	8	8	4	3	4	7	0	2	0
9	4	8	2	4	2	3	0	3	3	4	9	9	0	0
2	1	8	4	0	3	5	5	4	1	1	6	6	4	6
2	3	2	4	3	8	2	8	3	4	7	0	9	5	1

014304	020743488	0888632439
0038947	24382834	0994330324
0147064	099439843	0997029843
00384324	099781094	
1077847	242703882	
09989034	0884882439	

Puzzle #18

FIND THE NUMBERS

7 1 8 4 2 3 9 4 6 4 1 4 8 1 5
7 6 8 2 8 2 4 3 4 2 4 5 5 1 5
0 8 4 1 8 8 0 0 1 0 7 9 8 8 0
7 4 5 4 1 9 7 8 8 3 0 5 8 1 8
7 1 0 9 2 5 4 9 0 8 1 5 7 8 3
7 4 0 7 1 4 6 1 0 1 4 6 6 6 9
4 1 7 5 8 3 9 0 7 0 0 9 9 5 8
9 2 2 9 4 4 3 7 3 9 1 2 4 0 3
1 5 0 5 8 1 7 6 4 8 0 0 1 0 6
2 4 0 1 3 8 8 2 3 5 9 5 7 0 4
2 3 4 8 9 0 2 8 3 0 2 0 7 3 2
4 7 5 0 7 6 4 4 6 4 1 9 1 4 3
7 6 5 5 5 0 3 3 7 8 8 1 6 3 4
2 4 2 4 5 7 4 8 8 2 8 5 0 8 7
1 7 2 2 6 4 6 4 1 4 7 2 4 8 5

10983	8503887	424342828
27487	20120108	644670574
37020	038209843	1880010798
0164170	50839836	5842741464
1841464	64424974	
4361887	097149828	
5748828	274288974	

Puzzle #19

FIND THE NUMBERS

8	7	4	8	8	4	7	3	1	7	6	2	3	1	2
2	7	4	0	2	8	7	4	2	4	7	6	4	1	6
5	7	4	9	4	6	7	0	5	7	9	1	2	3	2
3	8	5	4	0	1	4	6	3	8	7	5	1	7	6
5	1	5	6	7	5	0	6	7	8	8	0	9	1	0
7	0	3	6	4	7	2	8	2	8	7	0	4	4	5
2	8	3	7	4	1	8	4	1	6	6	4	3	5	3
0	3	0	4	0	6	2	2	2	8	8	9	9	1	8
5	1	1	7	3	2	7	1	0	7	4	9	7	4	4
5	3	5	4	1	5	4	4	4	7	7	1	9	7	3
1	0	8	6	4	1	2	1	9	2	7	4	6	2	2
5	0	1	3	8	2	0	2	1	8	6	0	8	7	7
7	5	3	2	3	5	1	1	1	8	0	5	2	3	8
7	8	5	4	3	6	4	1	9	5	5	4	4	1	1
7	9	4	8	1	4	9	5	0	5	4	7	9	4	0

17087	854364	874247641
27402	3748847	5749467057
049914	9408947	94814950547
578364	24250947	
581142	282742014	
703647	466148147	

FIND THE NUMBERS

```
1 0 6 0 9 7 4 5 8 3 9 0 3 9 1
4 3 5 3 9 0 2 9 5 0 9 5 5 3 4
5 7 8 6 7 3 4 7 9 8 1 9 4 7 6
7 2 9 0 3 0 2 0 5 7 3 0 2 0 0
4 0 0 9 5 0 5 8 7 4 8 2 3 3 1
4 5 3 5 4 8 1 1 3 6 1 7 1 7 2
9 1 9 0 1 9 8 0 7 0 8 8 8 0 4
7 2 4 0 3 7 0 3 5 4 1 0 3 3 3
0 3 7 1 4 0 3 3 9 9 3 1 4 8 9
3 9 3 8 6 1 2 4 2 0 3 0 7 5 7
4 8 4 5 3 8 4 0 5 1 2 2 5 3 4
5 3 3 3 4 0 0 6 0 7 0 5 6 1 1
4 2 8 3 4 2 3 2 2 2 4 1 0 9 8
3 8 0 9 8 7 1 9 0 4 7 6 6 7 9
4 7 4 3 0 1 1 0 8 1 4 9 1 5 2
```

27830	705209	2425180324
29509	0706004	3087460490
30108	708880	4180110347
85083	1416802	146012439741
89014	5703024	674091789083
203030	008970180	5744970345434
243824	54790601	
541033	97081033	

Puzzle #21

FIND THE NUMBERS

1	8	8	3	3	3	2	0	7	4	5	0	8	5	3
3	0	4	1	0	0	2	0	7	6	0	7	8	9	0
4	3	1	8	9	9	9	0	8	0	4	7	4	6	9
1	0	4	1	8	0	8	9	1	5	2	6	9	8	2
3	8	3	1	8	3	2	1	0	8	7	4	8	5	3
5	6	6	9	2	3	0	4	4	7	0	8	3	7	9
0	0	8	4	1	7	4	7	7	5	3	6	9	8	7
8	8	8	5	4	0	8	7	0	8	4	0	4	5	8
7	7	1	2	7	9	2	4	6	5	2	2	2	9	8
8	8	0	7	4	3	3	0	3	4	1	0	8	2	0
4	1	3	0	4	5	8	8	7	7	3	6	3	4	9
3	0	3	8	5	2	6	1	8	3	2	3	5	9	2
4	2	8	9	2	0	7	3	8	7	8	5	8	0	2
3	0	0	0	4	3	0	1	0	8	0	0	2	1	4
7	8	9	8	3	6	4	7	2	4	9	8	9	4	9

010800	8054702	203709903
249894	8834207	207607890
270890	8983647	1436881033
857895	9460810	2085878370
1020738	014303347	248245418903
02478203	30860878	413508784343
3467438	50703884	

FIND THE NUMBERS

2	8	1	9	8	8	2	4	7	2	4	7	9	0	8
4	2	2	1	4	2	4	9	4	2	4	1	4	6	4
3	2	3	8	4	7	1	3	8	3	0	2	9	5	1
8	2	7	5	7	4	9	7	8	5	2	4	1	2	9
2	4	0	2	7	9	5	0	7	2	7	2	4	4	1
8	8	6	5	7	0	0	8	5	3	4	0	6	1	4
3	7	8	4	7	4	7	8	4	4	0	3	7	9	1
0	3	7	3	1	0	0	2	8	8	4	0	4	2	3
1	9	5	6	4	4	2	4	0	4	3	2	3	2	0
7	4	6	3	1	7	9	9	2	2	7	4	4	1	8
7	9	1	0	4	7	4	0	8	0	4	5	2	7	5
2	3	3	2	3	9	7	5	2	2	3	1	1	4	9
0	7	4	0	1	9	7	2	0	7	4	0	4	9	7
0	2	0	5	0	3	2	9	0	7	4	6	5	6	1
9	8	8	2	0	2	7	0	7	5	0	3	7	9	4

37068	94241464	57488097828
570720	243828301	570720241464
740197	1442727059	809742742889
5030240	02050329074	
24342834	5707202889	
54743882	7401972074	
57029824	7424450974	
74243848	34720941464	

FIND THE NUMBERS

4	1	4	7	8	2	7	0	1	3	0	3	6	0	2
6	6	1	2	3	4	3	9	1	0	5	8	4	6	8
6	3	3	6	6	3	7	5	8	2	2	2	0	4	8
0	3	0	0	4	9	7	2	4	3	0	4	7	3	2
7	6	4	8	6	5	3	3	8	1	8	4	5	3	7
1	4	4	9	0	0	0	4	4	4	9	0	5	0	4
1	7	3	8	4	0	8	3	3	9	7	4	5	2	7
4	4	9	7	2	3	7	0	6	7	9	7	3	7	8
7	2	6	8	4	7	3	4	3	4	4	4	4	2	9
5	7	3	0	1	2	1	0	1	0	3	2	7	0	4
4	9	5	4	1	1	4	0	2	7	3	4	8	2	1
1	4	2	2	8	7	4	1	6	7	3	0	3	7	1
6	3	4	3	7	4	2	8	3	4	4	5	3	8	4
4	3	4	8	8	4	7	5	0	8	3	1	4	4	3
3	4	5	9	0	2	7	2	8	3	7	4	7	3	6

247343	30841189	6482710643
247343	47748274	6485019343
0342794	147008036	14720334943
541943	147541643	147827013036
749943	302720278	8827478941143
782241	647427943	
783347	827209543	
5748843	3030806036	
14247347	6450364343	

FIND THE NUMBERS

4	3	4	7	9	4	9	3	5	3	9	9	4	4	7
0	0	1	8	5	0	3	1	7	9	4	0	7	1	8
2	3	1	3	0	3	8	4	0	0	5	4	8	6	3
0	5	0	2	2	0	0	3	4	8	4	7	0	5	2
5	1	4	5	0	7	8	1	6	8	4	8	0	3	7
2	4	6	7	4	1	8	1	1	4	5	7	9	3	9
7	5	2	3	8	3	7	8	5	4	3	4	0	1	9
2	7	9	3	0	3	1	7	8	8	5	4	7	0	4
7	4	8	2	4	3	9	5	7	4	8	2	2	0	4
2	2	3	0	7	2	4	3	3	0	4	1	8	2	1
2	7	7	3	4	1	1	7	4	7	9	3	8	0	8
9	4	3	3	4	7	4	4	0	5	9	2	5	2	5
6	0	3	4	3	7	0	9	3	4	2	7	5	1	8
0	7	3	8	7	3	0	0	8	1	9	3	8	0	8
1	0	7	8	4	5	2	4	3	0	1	6	3	0	1

94334	7484300	8083918003
344039	10361034	808397471143
748019	43957482	
908844	243907343	
2788844	467418114	
07243304	1457427407	

FIND THE NUMBERS

4	3	4	1	4	6	0	9	4	8	9	6	3	4	6
7	5	4	3	0	7	6	4	3	1	4	6	5	8	4
8	5	0	6	3	4	8	9	0	6	4	1	4	3	3
2	8	5	1	7	3	4	3	1	2	4	7	3	3	4
8	3	4	8	9	0	3	0	7	6	4	3	1	4	1
8	6	6	1	5	3	3	4	6	7	4	4	3	1	4
8	4	6	3	3	3	4	0	7	1	6	4	4	4	6
3	4	3	0	8	4	6	1	9	3	6	1	7	6	0
4	4	4	0	0	3	7	4	0	8	7	7	4	0	9
9	8	1	7	7	8	0	6	4	4	4	8	3	9	8
3	4	0	0	6	6	3	7	8	4	4	3	7	8	4
6	0	4	0	4	4	4	8	6	5	0	3	0	3	3
6	4	8	5	2	8	3	3	3	4	8	1	9	6	8
0	0	3	3	5	2	0	4	6	9	3	2	4	7	5
7	7	6	2	3	4	9	0	6	4	1	4	3	3	5

34104	34146094	3414609843
341048	34670343	3474370943
346744	34670348	34146098438
3410443	341460943	34670309843
3467034	341460948	346703098438
3467448	346703836	
34104836	3414609836	

FIND THE NUMBERS

```
8  1  1  8  7  3  7  4  9  8  0  2  5  6  3
6  3  0  5  1  8  1  0  1  2  9  7  6  8  3
0  9  4  2  8  1  7  4  8  2  4  4  7  3  2
3  4  7  6  2  8  7  0  8  5  4  3  5  9  4
5  7  0  6  1  4  6  1  2  1  8  3  6  4  3
4  4  0  3  8  2  4  3  2  4  7  9  8  5  9
7  6  7  2  1  3  1  7  3  0  3  4  2  8  0
9  0  5  2  0  0  4  5  4  0  9  4  1  5  8
8  3  3  1  8  2  6  3  5  9  6  0  3  5  8
4  1  8  4  4  3  8  6  8  4  0  2  5  8  6
5  7  2  3  9  6  3  3  1  8  4  9  7  2  1
2  1  3  3  9  4  9  6  4  0  0  5  8  6  2
0  7  7  4  4  1  7  0  0  1  1  2  2  9  5
1  2  5  0  0  1  1  0  1  4  0  7  3  0  1
1  4  6  0  0  2  0  5  0  3  8  7  3  1  4
```

18364	3867921018	378305020064
011014073	14009480143	
18343420	20883438679	
24324798	20894737811	
370202834	54798452011	
890947442	74428471824	

FIND THE NUMBERS

```
4  1  3  4  8  9  0  1  1  4  5  1  8  3  5
6  8  3  9  4  3  8  8  5  4  4  7  4  0  3
7  3  2  2  3  4  8  9  0  9  4  0  6  8  8
4  4  7  2  7  0  7  4  8  7  7  1  0  2  2
5  1  1  7  5  0  3  4  8  9  0  7  4  5  4
0  1  5  4  2  3  0  7  4  3  6  8  2  2  1
1  8  1  2  4  2  7  0  3  8  8  2  1  4  1
1  5  6  8  8  0  3  4  8  8  3  4  9  3  4
8  4  3  8  0  1  4  6  0  9  3  0  1  3  0
8  2  8  9  0  2  4  9  0  0  8  2  8  2  6
7  0  3  7  4  3  0  1  0  8  9  6  4  2  0
4  1  7  4  4  5  4  2  4  9  4  7  5  6  4
7  0  2  0  3  3  8  3  0  9  4  1  8  7  6
2  9  5  0  1  4  7  0  1  1  4  4  5  8  8
5  4  1  1  0  7  4  8  8  2  1  1  0  3  7
```

009420982	454709843	863470324
031039064	501188747	
110202081	501470114	
203383094	541109843	
241140604	574942454	
242703882	604909843	
274288974	784707274	
288470114	839438854	
439438843	854201094	

FIND THE NUMBERS

7	0	0	5	6	0	3	6	4	5	0	3	6	4	3
1	1	3	4	7	6	3	0	9	7	2	0	7	4	1
2	2	0	4	2	4	2	4	0	5	2	8	5	5	4
8	9	6	8	3	7	7	9	7	4	4	9	5	7	7
3	2	4	3	6	8	8	4	5	3	9	4	3	4	5
4	4	1	8	0	3	1	4	8	8	4	5	4	0	4
7	7	5	9	8	6	0	7	6	1	4	3	0	3	7
2	3	9	5	0	4	7	7	2	4	8	7	7	3	1
8	8	8	0	8	3	3	4	3	7	1	2	6	1	0
1	9	5	3	2	0	4	1	3	4	5	0	4	8	3
1	0	8	3	2	8	3	9	0	4	9	2	1	2	6
4	9	5	8	3	8	9	4	7	3	8	8	4	7	4
3	9	5	0	7	2	8	9	7	4	3	3	9	8	3
9	4	3	4	8	3	0	2	7	9	8	4	4	8	5
9	0	2	4	3	8	2	7	4	3	0	8	3	3	3

0056036	1470279036
347343	3843476036
784641	5740331827
5488413	5838947388
6414943	9434830279
37036801	28347281143
64503643	48843103343
247389099	147547103643
479827059	243827430833

FIND THE NUMBERS

4	8	4	1	4	4	8	2	0	3	6	7	0	6	9
0	3	6	7	0	3	3	8	4	3	0	9	2	7	2
8	0	7	5	7	3	4	2	3	7	8	1	1	0	2
6	0	1	4	3	0	1	1	0	2	0	7	0	3	3
2	0	8	3	1	0	3	3	0	0	1	5	5	3	5
0	5	9	4	7	4	5	5	4	2	9	3	3	8	4
7	1	2	4	6	0	1	7	8	0	0	0	3	9	9
1	8	0	5	0	2	4	4	3	0	6	1	4	0	4
2	9	8	2	2	8	3	0	7	4	3	3	2	3	1
7	8	8	5	3	1	4	6	7	2	0	1	1	3	1
9	0	4	1	1	0	5	6	0	2	3	7	4	5	4
8	1	5	7	9	4	0	7	3	7	0	2	7	2	1
8	7	0	7	2	7	6	8	7	3	3	5	3	6	4
5	0	5	5	3	4	2	3	5	4	0	7	5	3	0
4	5	3	7	0	4	2	7	0	5	7	0	6	2	3

087106	6023745	67033843
0344205	10201434	786727078
382289	10207033	941141403
1034106	20831033	05947455429
1448203	34235407	6703389033
3421473	34237811	
4072055	036415887	
4073702	50724073	
5011409	64135887	

FIND THE NUMBERS

```
7  8  0  4  4  0  8  4  1  1  4  1  0  7  4
3  3  2  2  9  7  5  2  3  2  1  4  5  5  5
5  4  4  2  4  3  0  8  8  4  3  8  2  2  9
3  1  4  4  4  2  4  3  9  7  4  1  2  8  4
2  1  2  7  4  7  4  2  4  1  1  8  5  9  1
1  0  2  8  0  7  4  0  6  1  7  3  3  7  4
5  7  2  9  9  2  0  8  9  4  3  1  4  0  5
4  8  4  0  2  0  7  9  7  9  3  3  5  3  4
2  3  1  7  9  4  2  4  0  2  9  5  1  0  3
3  5  4  4  4  3  2  2  2  5  2  6  2  4  0
3  0  0  0  3  3  0  5  0  7  7  8  1  4  7
9  2  3  5  2  1  4  1  2  8  3  3  1  3  4
4  5  5  4  8  5  3  6  0  0  6  2  4  5  9
4  1  0  7  0  6  5  5  2  4  4  7  6  4  3
2  5  5  5  4  5  8  1  4  7  8  8  1  8  3
```

24394	897030	182278474
43474	1028074	841141074
077814	2472074	9414543074
243974	3411078	
509074	3488034	
680220	24789074	

FIND THE NUMBERS

```
0  0  7  2  6  3  4  4  6  3  8  9  0  0  8
6  9  4  7  2  6  0  2  1  4  0  7  5  2  5
2  1  7  4  1  0  4  7  0  2  4  8  3  9  0
1  4  5  4  0  4  8  2  1  7  0  9  4  4  1
4  6  4  1  1  8  0  5  6  4  0  9  4  1  7
8  9  6  1  0  3  2  2  2  3  3  2  8  6  1
6  0  0  0  8  1  5  2  4  0  8  3  0  1  3
9  6  9  7  4  8  1  2  9  1  9  1  0  8  4
9  9  5  7  7  7  7  0  0  0  1  0  2  9  9
6  9  2  4  9  1  3  5  1  1  2  0  2  4  4
9  0  8  2  0  6  7  0  1  4  4  5  7  0  1
6  1  4  2  6  1  0  4  4  8  6  8  8  2  9
4  8  7  4  5  8  2  4  9  2  7  3  0  3  9
3  1  1  1  0  1  7  4  7  9  4  9  4  1  6
1  1  6  3  2  9  5  0  3  4  4  5  0  3  8
```

107544	10847906	902090258
146906	27011420	903341703
1421836	41890214	9497471011
03445038	80207024	27441107742
5788144	343641011	
8009836	741047024	
9025836	745824927	

FIND THE NUMBERS

0	8	5	0	6	9	5	8	4	8	5	2	4	8	5
7	2	8	3	2	4	9	0	5	4	9	8	2	9	5
9	3	8	2	3	0	3	0	9	5	5	8	9	9	5
8	4	0	3	1	0	2	4	5	8	4	0	1	1	8
0	7	3	7	0	4	3	0	2	7	0	5	1	2	2
1	8	7	0	8	8	9	4	1	1	0	7	5	0	0
9	7	0	4	1	4	7	2	0	8	2	8	4	0	7
7	6	5	1	3	1	1	4	4	6	3	9	3	9	2
4	7	1	7	1	8	0	6	6	7	4	8	7	7	4
0	9	3	8	3	4	1	1	7	6	8	3	1	4	7
7	4	4	1	4	1	3	0	8	0	0	5	8	7	8
8	2	3	1	6	3	7	8	8	7	0	7	8	2	8
2	3	3	4	0	5	8	0	3	5	2	6	4	0	7
6	0	5	8	0	2	3	2	8	8	2	7	1	5	1
0	1	4	5	7	8	0	3	0	7	0	3	0	6	6

009747	028308	064382
011034	028348	066478
011498	030703	066748
013783	031024	072034
014578	032839	072478
018347	043408	072781
019740	054982	076148
020149	057083	085874
021898	057898	

FIND THE NUMBERS

6	1	6	0	8	1	5	5	3	1	5	8	9	3	1
4	9	4	0	0	7	2	2	0	4	4	8	2	0	0
2	5	8	9	5	8	9	1	2	3	2	3	6	2	4
5	8	2	3	8	4	1	2	3	4	6	5	8	9	1
0	4	2	7	4	1	8	0	9	2	8	6	7	7	2
9	1	6	9	0	8	8	9	2	4	2	3	5	0	7
4	8	7	4	8	1	9	0	8	0	7	4	5	2	4
7	9	8	5	9	6	7	0	6	1	8	2	8	3	2
2	8	0	1	3	0	8	2	3	3	4	4	7	7	9
3	2	6	5	0	4	0	2	3	4	0	2	0	4	5
7	4	5	3	1	9	8	4	2	8	3	7	0	2	1
4	3	5	3	5	5	3	5	1	5	7	3	9	7	0
3	5	5	1	4	9	9	0	3	8	0	6	3	2	5
2	0	2	0	1	3	0	9	8	4	2	0	2	9	8
2	3	4	1	1	0	2	8	0	0	9	3	3	3	7

80839	2013098	803901889
97744	5489814	97036081894
140094	84189824	
678327	343098438	

FIND THE NUMBERS

0	2	8	8	4	8	3	7	1	8	1	4	7	1	3
0	4	0	0	4	7	4	3	4	1	9	0	4	3	4
3	7	9	3	1	8	0	8	4	2	5	2	1	4	7
8	2	2	1	2	8	1	2	1	5	6	2	4	4	9
5	4	4	7	8	2	9	5	8	5	4	4	9	2	7
3	7	3	7	4	7	8	0	7	8	6	8	1	5	0
1	8	3	4	0	7	3	5	0	4	5	3	7	4	2
7	3	1	8	2	1	5	5	4	3	9	5	8	0	0
3	0	1	5	5	5	6	8	4	7	4	9	5	4	3
7	4	3	8	4	0	2	3	8	3	9	6	0	4	9
9	7	4	2	0	8	9	8	8	7	2	4	2	1	7
4	9	0	0	8	8	2	5	4	7	2	4	4	5	0
2	4	0	3	8	3	0	7	7	4	8	5	7	3	8
5	2	3	4	3	4	6	7	0	4	1	8	3	6	4
7	8	8	5	5	0	4	8	1	2	0	9	5	0	3

21821	84055887	10994751848
80094	307845433	58878361074
743840	344974582	479702039708
974208	0727475887	
5882074	2472478304	
30098108	8477038304	
67041836	9483651848	

FIND THE NUMBERS

8 6 0 2 4 0 3 9 5 0 7 3 7 0 2
4 7 1 1 4 4 1 3 4 1 0 2 4 7 9
4 3 2 0 1 0 8 5 6 4 3 2 4 2 5
1 3 3 7 3 4 3 1 9 5 0 2 8 9 4
4 0 8 8 0 4 7 9 5 4 9 5 5 2 7
2 5 7 9 7 3 8 8 7 1 5 3 9 2 0
9 4 1 1 7 3 4 2 9 0 4 9 0 0 0
0 4 0 0 4 2 4 2 0 4 8 1 2 8 4
3 0 8 3 1 0 0 3 3 3 3 3 2 3 7
2 2 2 1 9 9 0 1 1 2 9 4 8 1 2
4 3 4 6 5 2 3 5 4 4 4 3 7 4 7
2 4 3 1 3 8 0 0 4 1 6 3 0 4 7
8 7 6 3 0 2 5 1 4 0 1 2 0 4 0
0 1 4 2 0 7 2 1 8 2 0 6 9 2 2
8 9 2 9 2 4 3 0 8 7 4 4 1 3 5

24364	2924308744
2430727	10714005400
97420143	24039302843
0114789434	43897201411
295470047	64134378334
903242808	240395073702
2403910154	240397083847
2403920187	859022870091
2922083144	

FIND THE NUMBERS

```
3  9  9  8  0  8  5  4  3  8  4  4  2  5  4
6  5  7  7  0  2  0  1  3  7  0  7  4  4  7
0  9  4  8  7  9  2  2  1  0  0  0  4  2  4
0  7  7  9  9  7  0  5  5  8  3  4  8  8  6
8  4  4  8  1  7  3  4  2  5  7  6  0  1  8
9  0  8  3  1  8  6  1  0  8  8  3  4  8  8
7  7  9  9  4  0  0  8  4  2  2  5  2  1  7
4  9  8  4  4  1  6  2  1  3  6  2  5  4  4
1  8  8  1  4  3  7  0  0  4  4  6  4  3  3
4  8  5  4  4  3  4  1  2  2  9  2  3  6  4
0  9  2  7  2  4  3  3  1  1  0  8  4  1  5
9  7  0  0  8  6  2  4  0  9  8  1  2  4  9
1  4  1  3  8  5  4  3  3  4  4  9  1  2  0
2  5  3  2  8  0  5  4  9  4  1  0  8  9  8
3  3  3  4  1  5  4  4  5  2  4  7  8  7  2
```

854434	705583488
2013434	974079889
4342440	974748988
9741409	2894186798
34237811	8054941089
70731020	8742544514
80854384	18610883488
110202081	83941470324

FIND THE NUMBERS

0	4	7	2	6	8	3	6	4	7	8	3	0	5	8
6	0	5	7	0	2	1	0	7	6	4	7	6	4	8
1	7	7	4	9	8	3	8	1	8	3	2	2	0	5
4	3	0	2	7	4	8	2	2	1	8	0	0	3	4
8	0	4	3	5	7	1	5	7	8	2	9	5	0	3
1	0	0	6	4	3	6	6	4	2	4	2	5	9	0
5	0	9	2	6	1	4	6	5	2	3	5	8	8	2
4	0	8	8	9	5	0	9	4	0	4	4	3	1	7
5	5	5	0	9	8	0	5	8	7	8	0	8	4	4
4	5	7	7	6	0	0	4	3	0	3	4	2	4	1
1	1	8	8	4	3	5	7	8	2	5	6	2	3	1
4	0	8	7	6	3	0	8	5	4	3	8	9	5	2
7	7	2	9	8	0	2	7	8	1	8	0	9	3	2
8	2	0	4	4	3	3	0	8	8	4	1	8	3	1
7	0	4	0	1	0	1	2	0	9	9	9	8	3	0

27818	5403098	570892004
50364	5430274	702107647
274548	6703410	902101040
302748	8036780	2044330884
466346	14243034	68364783058
824348	20702418	
1080630	38183894	
2055838	039850894	
5098908	54541478	

FIND THE NUMBERS

1	8	5	8	4	7	3	2	8	1	4	6	3	0	3
2	7	8	7	0	2	2	8	9	4	6	7	4	3	4
0	4	8	4	5	3	4	7	0	1	0	2	4	9	7
8	2	1	6	1	0	5	9	7	6	8	1	4	3	4
8	5	5	4	7	4	7	5	8	0	8	6	3	4	8
2	8	9	8	8	9	7	0	1	4	9	8	4	5	9
0	1	1	5	2	8	8	0	1	2	3	0	7	7	4
1	3	0	0	6	7	9	4	2	0	4	0	4	8	7
4	2	0	5	0	1	1	4	5	7	6	3	1	4	8
1	4	1	1	0	9	8	7	7	8	1	0	8	3	2
0	0	0	1	5	0	1	0	1	4	0	8	0	3	0
1	7	4	1	5	5	0	1	0	0	0	2	1	1	1
1	4	6	4	3	4	7	4	0	8	4	8	1	4	8
4	8	2	2	0	9	0	7	4	1	9	3	4	6	0
5	3	4	0	8	3	4	5	4	3	3	4	3	9	4

178679	07988982	424984301
0364182	9420107	434764982
643914	20741488	877890114
1410114	50101408	1488947408
2050114	57843314	3418679501
2078408	64347408	7489478201
2088201	74180114	
3006794	82209074	
7415501	345433439	

FIND THE NUMBERS

```
2  1  7  5  1  4  4  5  6  0  3  9  0  6  9
9  3  1  6  5  1  5  0  7  6  8  5  9  0  6
3  8  2  9  3  7  4  7  4  1  8  5  5  2  8
3  7  9  1  0  3  4  0  0  6  2  6  9  6  4
5  0  1  0  2  4  6  3  0  3  1  9  7  3  8
3  6  4  3  9  3  2  7  1  1  2  1  3  7  7
0  1  5  5  1  9  3  9  0  4  0  5  3  8  7
6  5  8  4  3  6  6  0  1  4  8  5  4  3  1
4  8  1  4  5  2  6  0  2  7  1  8  0  7  1
1  5  5  8  1  5  4  2  7  9  4  2  0  5  9
3  3  2  2  3  3  1  1  0  9  7  2  0  3  4
2  4  1  3  0  0  2  0  4  3  1  4  4  7  0
1  1  8  0  7  2  8  2  4  6  8  5  3  2  4
8  3  4  8  4  0  7  8  9  4  3  2  6  0  4
2  4  9  4  4  0  1  5  5  3  5  4  7  9  3
```

17424	2414634	890996079
48843	34792033	3088413475
147183	70214076	
203827	570325479	

FIND THE NUMBERS

8	6	3	8	7	5	8	3	0	4	2	4	1	1	5
7	5	0	3	8	7	0	1	4	0	0	6	0	5	6
2	8	4	7	2	0	3	0	4	2	4	4	1	8	4
3	0	4	0	7	0	5	3	8	2	3	1	0	1	4
7	0	7	4	7	4	1	7	7	0	2	8	0	9	6
0	0	2	7	4	2	4	4	1	8	1	1	4	7	2
9	0	9	3	0	1	9	0	4	1	2	8	7	0	0
9	4	4	1	0	8	0	8	4	2	0	9	8	4	2
8	1	2	9	3	3	9	0	2	8	4	3	5	6	4
4	3	8	3	9	0	4	1	4	7	8	0	8	7	3
8	4	0	1	4	1	1	8	7	1	4	3	4	7	3
1	7	3	7	8	7	4	9	1	3	4	9	1	0	1
0	0	3	9	4	1	4	5	4	5	5	5	3	3	9
7	3	1	5	2	4	1	1	8	9	0	0	7	9	3
6	4	3	4	6	7	8	5	5	8	9	7	5	2	2

01943	41347034	709998481076
20243	51474324	424038578368
303203	67855897	506004107830
412870	248902480	
890079	3743417811	
902843	4240302748	
0910390	7424418114	
03941454	10047858413	
20771474	10132835070	

FIND THE NUMBERS

```
2  4  3  8  0  1  9  8  3  6  1  9  5  1  0
4  8  3  9  3  4  2  4  6  0  3  0  2  9  3
2  9  3  4  4  6  3  4  1  2  4  3  0  7  1
5  7  0  4  8  7  2  7  0  4  8  4  7  5  8
7  3  4  8  8  8  0  8  1  1  8  5  3  0  2
4  7  1  8  8  9  8  0  3  1  4  2  0  9  4
7  3  2  4  5  4  8  2  9  8  3  8  2  7  4
4  4  4  4  3  8  8  3  4  7  4  1  4  2  2
3  0  9  1  7  0  9  8  3  3  4  6  8  0  1
8  0  6  0  5  9  7  0  2  4  5  5  9  4  8
8  1  7  8  0  2  8  8  1  4  2  1  3  8  3
1  1  2  8  1  3  4  5  4  8  3  7  5  4  8
4  7  3  4  8  9  0  2  8  5  8  9  7  4  2
5  0  9  8  4  3  9  7  7  4  8  8  8  0  0
4  7  2  5  1  9  6  9  6  4  3  5  2  5  1
```

30784	21838201	2438019836
031824	034214364	2425747438814
38274	34288843	2479858209843
435479	50972048	
808118	67030094	
2425143	74840727	
3078836	247985843	
03142094	2030642439	
5098439	2433898438	

FIND THE NUMBERS

7 1 2 0 7 8 8 9 0 4 6 3 0 1 2
7 3 0 6 0 7 2 6 0 9 3 0 3 0 7
8 8 8 2 2 0 9 4 1 1 4 5 0 8 4
5 3 3 9 4 2 4 3 9 0 0 7 3 2 8
9 7 0 0 9 3 4 2 8 8 0 5 4 4 7
0 8 0 0 8 4 9 3 7 4 0 3 2 2 4
2 1 7 2 5 5 2 0 5 7 8 2 4 7 3
4 7 0 5 3 9 8 8 0 0 1 8 3 4 6
7 4 4 2 0 1 5 0 7 7 8 0 3 5 0
1 2 1 2 4 1 1 4 2 8 4 4 7 8 7
4 3 4 4 1 4 2 4 3 8 5 8 0 6 0
7 8 1 7 4 2 0 1 0 3 7 8 0 8 3
0 4 3 6 0 2 5 7 8 8 1 0 4 3 0
8 2 0 1 1 8 9 7 8 2 4 2 4 3 6
2 0 3 4 2 4 5 7 0 1 0 8 8 3 1

01507	20788904	07820858038
05789	24714708	085834241443
030390	102439007	203424570108
089428	201037808	
1742384	205782473	
2427458	0882439007	
2439007	2011897824	
2748743	2094114508	
11428447	02578810430	

FIND THE NUMBERS

4	1	3	9	8	1	7	4	9	3	0	8	3	2	4
7	5	0	9	7	4	7	5	7	4	8	9	3	7	1
1	3	5	1	4	1	4	4	1	1	4	9	1	0	9
2	0	8	0	0	1	2	0	9	3	0	8	3	2	1
6	2	7	7	8	8	9	0	8	3	3	1	4	7	0
4	4	4	8	3	3	8	0	9	8	8	7	7	2	7
8	0	1	0	0	8	2	3	2	4	0	2	5	1	8
5	1	1	4	0	2	8	3	5	1	4	5	5	0	8
0	0	4	1	0	0	0	3	0	0	0	1	7	0	0
8	6	5	8	0	1	0	0	0	7	8	8	3	8	7
3	6	0	5	9	4	5	0	8	5	7	7	5	1	8
0	0	2	8	3	9	3	8	0	8	2	3	8	7	3
9	5	8	0	2	3	7	4	7	9	0	5	4	7	6
0	5	0	3	4	7	8	0	0	9	3	0	8	9	1
1	4	4	3	0	5	0	5	0	3	8	8	2	7	4

80390	50830901	50974757489
80394	808393820	277889083314
087203	2778890833	
2721008	5097473208	
2800108	5415382041	
5034780	07880783614	
7000108	8039021008	
0030001400	9411441415	
50503441	14118382014	

FIND THE NUMBERS

```
9  3  0  5  5  8  5  8  4  8  1  7  0  9  6
4  8  1  0  5  9  4  5  7  3  4  3  3  0  5
1  8  1  3  3  4  4  2  3  4  8  2  8  5  4
8  9  0  1  2  4  0  3  4  6  0  4  4  8  3
7  0  0  6  0  9  4  7  7  0  2  2  4  9  2
2  9  2  6  2  7  9  7  5  4  9  1  0  4  8
1  5  7  9  2  4  7  4  6  4  9  0  2  7  1
4  0  7  3  8  0  4  0  9  7  4  3  0  5  2
4  3  8  3  4  8  9  5  4  8  4  6  8  4  0
5  2  2  0  5  7  7  4  3  8  9  4  9  5  8
0  1  4  4  7  2  8  7  9  0  5  1  0  0  4
7  4  7  0  3  4  8  9  2  8  3  3  5  1  4
3  6  3  9  7  9  3  4  4  2  4  1  1  0  7
3  5  5  9  6  4  4  6  7  0  5  7  4  7  5
0  4  1  4  7  4  4  3  4  6  1  0  4  5  2
```

03641	4598438	83947349
58550	5450107	277889208
67443	8284324	644670574
097430	9058947	701142443
105945	20946474	3829843074
701189	27020478	5432812084
827441	41474434	
906007	43243943	
1445073	057743894	

FIND THE NUMBERS

5	5	8	1	7	4	0	0	5	0	8	9	2	4	5
2	7	2	4	2	5	1	4	9	4	1	4	6	0	3
8	5	5	5	3	8	4	1	1	6	8	8	1	9	0
0	5	5	7	4	3	8	2	0	9	4	1	4	7	0
3	4	8	8	7	0	5	2	4	2	0	3	6	0	8
8	6	5	4	9	2	1	0	8	8	8	2	0	1	8
3	4	3	8	2	7	4	9	4	3	8	1	2	0	8
1	0	3	4	8	8	3	4	9	3	4	4	5	3	8
0	3	1	4	7	9	8	8	4	2	4	3	9	5	9
5	0	3	1	4	3	9	0	7	4	4	2	2	1	0
3	4	2	3	4	1	4	1	4	5	4	7	6	0	3
4	1	1	0	2	8	9	0	2	4	9	0	0	0	9
7	5	0	6	1	0	2	8	7	9	2	4	1	4	3
7	5	6	1	4	7	4	0	3	1	8	3	4	8	5
6	1	8	0	3	4	3	8	2	0	9	4	3	3	6

031439074	2425078843
088889039	2425149414
174005089	3494728343
210888201	4142978201
341414547	0094209820114
343820943	0314798842439
439438843	0557438209414
0551820114	
740318348	

FIND THE NUMBERS

```
4  7  9  8  5  4  5  0  1  0  7  8  9  4  3
2  1  9  6  8  4  4  0  6  2  8  2  2  0  7
3  8  8  1  4  4  9  3  5  7  4  1  3  5  8
0  0  8  9  0  3  3  8  0  2  4  9  8  2  4
0  9  1  4  2  4  0  4  1  9  4  2  4  1  0
1  2  3  0  3  4  7  8  1  8  8  0  9  1  1
3  3  2  4  3  8  5  8  3  8  9  9  0  7  4
4  1  3  4  2  3  5  8  5  4  9  8  0  5  0
3  5  3  5  5  4  0  5  7  5  3  2  8  7  6
1  1  3  6  9  9  1  3  0  4  2  4  0  4  6
9  2  9  1  7  1  0  4  2  7  5  9  8  9  5
3  4  5  8  6  4  2  3  8  4  4  4  5  8  3
7  0  7  2  4  3  4  7  2  7  0  6  7  1  4
5  1  5  1  4  0  8  0  7  4  2  8  9  3  5
5  1  0  4  5  0  1  3  4  8  8  0  9  9  5
```

674297	0298143488	51045013488
740197	670989034	54785429814
7072434	705583488	64308343488
010330324	02784142439	
51408074	5450107894	
0224590324	5488981894	

FIND THE NUMBERS

```
4  4  3  5  4  3  3  9  1  8  5  1  3  1  6
4  3  4  6  0  4  8  1  1  7  1  2  0  3  8
3  5  3  0  4  5  8  5  4  7  9  5  1  9  5
5  4  2  5  4  2  0  4  8  3  2  1  6  1  5
0  2  4  2  6  9  3  9  2  0  7  7  8  7  4
3  9  5  6  6  2  4  4  3  1  6  0  0  6  6
3  5  9  3  2  3  7  2  3  0  0  4  2  3  5
2  4  9  8  0  6  4  9  9  9  8  3  3  4  4
4  1  4  4  5  1  3  8  1  0  4  1  0  7  6
4  9  1  3  3  0  5  3  4  9  5  8  0  6  4
7  0  0  5  5  4  5  5  4  4  5  9  3  3  0
0  1  7  4  2  4  5  3  4  6  9  2  1  8  4
1  0  5  2  0  9  2  1  7  5  2  3  4  3  2
4  8  0  3  8  4  6  8  4  3  6  9  4  3  4
2  8  0  5  3  6  4  7  3  4  7  8  5  3  4
```

415434	435424	458540
421030	435428	460858
425420	435429	460859
430180	435433	460894
430727	435874	466205
432459	437024	494290
434259	439448	494298
434604	439483	
435033	455103	

FIND THE NUMBERS

1	4	7	4	9	8	8	7	9	8	0	5	2	4	5
0	3	4	4	0	3	8	9	3	4	2	3	4	7	4
8	1	4	1	6	3	8	2	7	4	9	3	8	1	3
4	0	2	4	8	9	0	3	8	6	0	4	6	8	7
4	7	4	0	3	5	4	7	4	2	0	7	3	9	5
8	3	5	1	2	4	2	8	3	6	1	4	8	0	8
9	0	4	6	1	3	0	2	8	4	5	3	0	7	7
5	8	3	5	1	0	3	0	7	4	0	3	2	4	8
7	5	3	4	9	7	0	2	1	4	2	3	9	0	9
1	3	0	1	1	1	6	6	2	4	9	2	4	3	3
4	6	0	3	0	3	1	4	4	6	8	3	9	3	8
8	7	4	9	5	0	4	8	0	7	2	0	0	2	1
5	9	3	0	7	4	3	3	7	4	8	0	1	9	8
8	2	0	4	7	9	8	4	3	0	4	9	8	1	1
7	1	5	0	7	3	8	8	9	0	3	2	4	6	8

24283614	587893818
41303064	2439830443
54742073	2489038604
80294901	2708405947
0290015029	47189074033
0334314308	50738890324
433748019	50897889474
460011408	83947283614
510307403	894034897402

Puzzle #49

FIND THE NUMBERS

4	7	0	1	6	4	8	6	7	4	3	4	4	8	3
7	4	1	4	6	9	0	7	7	4	3	8	1	1	9
9	3	4	1	1	4	2	2	0	0	1	4	8	3	0
3	3	8	3	8	4	0	0	7	7	8	4	7	4	0
8	0	2	1	3	3	7	8	3	4	8	4	8	0	2
4	1	8	9	9	0	1	1	8	0	3	2	2	7	3
0	3	2	8	3	3	2	8	8	8	8	3	5	7	8
0	7	8	1	3	3	8	8	8	3	7	1	8	8	4
9	6	9	0	1	9	4	8	4	0	3	8	4	2	1
4	6	3	3	7	3	4	7	0	8	2	7	0	9	8
1	3	7	8	2	4	5	7	5	2	4	7	5	3	9
0	4	9	3	4	7	8	2	1	4	1	6	4	3	1
7	4	1	7	1	1	2	3	4	8	8	4	7	3	3
3	4	3	3	4	2	4	8	3	8	4	3	7	1	6
3	8	4	9	8	3	9	4	3	8	8	2	3	3	3

384189	38424334	38400778474
3081499	38470834	38400941073
3472088	308788804	308839471842
30811099	384983943	384100224114
30824888	3844347684	
34754833	34770964147	

FIND THE NUMBERS

2	5	7	5	8	1	1	4	7	8	8	8	2	8	3
2	8	4	8	5	8	8	7	0	4	2	8	7	0	3
2	4	2	6	9	2	8	3	0	8	4	8	2	5	6
4	7	8	1	1	7	4	2	3	8	4	8	2	4	6
3	0	2	0	3	3	4	1	0	7	8	4	3	1	2
3	8	7	7	8	0	2	0	3	8	9	8	0	7	5
2	8	4	8	5	9	8	0	7	5	2	2	2	0	1
7	8	4	0	8	8	0	9	2	5	1	4	2	2	6
1	3	8	8	0	5	3	9	9	6	0	7	7	0	8
0	4	4	0	5	2	8	5	1	1	3	3	4	0	2
2	9	1	6	2	4	5	7	1	6	8	3	7	4	2
3	8	0	1	1	2	2	0	2	4	8	0	2	8	0
9	5	1	7	4	0	0	4	2	5	8	9	6	6	4
8	0	1	9	8	3	4	8	7	0	4	8	7	6	9
7	3	8	3	0	0	0	3	0	2	6	5	5	8	8

586107	80198348	8288874118
2052004	92830848	27448410118
17423848	203341078	57089830208
24733098	570895848	782407885848
27424584	708883498	
54527858	5417020048	

FIND THE NUMBERS

7	6	3	8	3	4	8	1	1	8	5	8	9	5	3
1	8	9	1	8	6	1	9	1	0	8	9	4	3	7
0	2	2	4	0	3	3	3	4	9	4	1	8	5	3
3	0	4	8	7	2	3	8	0	5	5	2	7	6	4
8	1	3	7	5	4	8	0	7	4	0	4	4	7	4
5	5	7	7	9	8	2	7	1	4	6	4	3	9	2
4	8	4	5	0	3	7	8	2	6	4	2	4	2	0
8	3	3	5	1	2	4	8	7	7	4	3	2	3	2
4	6	4	4	5	5	5	1	2	0	0	8	7	9	7
9	5	0	3	6	0	1	1	4	4	4	3	9	0	8
2	7	1	3	9	9	5	0	0	7	1	5	4	9	3
2	4	1	3	6	9	8	4	0	2	0	1	1	2	8
0	1	4	5	2	4	1	5	6	8	0	5	4	4	8
5	3	8	4	8	8	4	3	7	4	1	4	6	5	9
6	0	4	4	8	9	4	3	4	8	6	8	3	5	3

108943	044894348	54114287858
0385484	70251020	64147348848
503601	82015836	
744047	83301648	
3447836	202783889	
5074143	540782474	
5099489	743401148	
5814943	5811843836	
11020489	24307278201	

FIND THE NUMBERS

0 5 4 3 0 7 8 4 3 0 7 4 9 4 1
7 4 4 0 2 7 7 1 0 7 1 4 7 8 0
4 4 3 8 9 4 7 4 5 9 4 1 2 7 5
6 5 3 7 2 0 4 2 3 1 7 1 0 2 6
9 0 3 6 4 0 6 0 0 0 8 1 8 4 8
2 2 0 1 8 9 9 0 2 8 2 5 4 0 2
6 0 3 3 7 8 8 4 7 1 5 0 3 9 8
3 8 7 2 4 2 4 8 7 3 0 9 9 5 4
3 9 4 3 4 2 1 3 9 4 4 3 2 4 5
4 7 5 5 0 0 9 7 4 7 7 3 1 1 7
3 4 4 1 7 0 0 4 1 1 0 9 4 1 4
9 8 7 5 0 7 2 4 7 1 5 9 8 7 0
8 8 9 5 7 4 8 8 4 7 3 7 8 0 7
8 7 4 6 1 2 0 8 7 8 4 7 0 0 5
9 1 7 4 9 3 8 0 5 1 0 2 1 4 7

009747	507247	5102147
20447	808147	20897488
24027	0971494	34886347
30784	1081347	43020947
079889	1494703	60734347
90364	2087847	74547947
107147	2094747	70873748847
342947	3439889	
438947	5083947	

FIND THE NUMBERS

```
2  0  6  3  9  5  1  9  4  7  8  2  5  8  2
9  1  8  4  9  8  0  6  8  4  2  0  0  2  0
5  9  4  6  9  0  5  7  5  6  4  0  7  2  1
4  7  5  0  8  1  8  2  0  5  4  6  6  1  9
7  7  4  8  0  4  0  0  2  1  5  7  2  5  2
0  7  3  3  7  0  7  1  8  0  9  4  8  6  6
0  6  8  1  0  6  5  8  4  9  1  3  1  4  7
9  3  5  5  4  3  3  5  8  7  9  6  3  0  1
3  2  1  4  6  0  8  3  4  5  5  2  0  5  4
2  4  1  4  3  9  8  1  0  3  4  7  4  8  2
7  2  5  4  9  3  0  3  8  2  0  2  2  4  1
2  0  5  1  4  6  5  4  3  1  9  5  6  8  2
1  0  2  4  8  7  9  8  9  5  0  6  6  2  4
7  3  8  0  5  4  1  0  2  4  5  2  4  7  4
0  0  4  6  3  6  4  1  9  9  1  4  0  4  8
```

18094	202830394	742542014508
460834	248608948	
5028180	485028484	
0201818303	1439810347	

FIND THE NUMBERS

```
7  0  8  4  1  9  8  8  7  9  0  1  8  2  4
5  4  3  3  4  2  7  4  8  8  8  7  3  5  0
1  0  1  1  9  7  8  8  9  1  4  1  0  1  4
3  9  7  4  1  4  7  1  7  4  7  9  3  5  0
4  1  2  0  9  9  0  8  1  5  0  4  2  4  8
3  2  2  3  3  4  4  2  4  2  7  0  0  5  7
2  8  0  8  9  4  4  0  3  6  4  5  1  8  4
3  0  4  5  7  8  0  5  8  9  1  1  1  7  4
0  3  0  5  2  4  4  3  8  4  4  0  4  4  5
7  5  5  0  4  2  1  2  1  9  1  3  8  2  8
0  1  5  6  4  5  7  0  6  8  1  9  3  4  4
3  4  1  3  3  2  4  3  4  5  1  4  2  4  7
1  2  4  9  0  2  4  3  4  1  7  0  2  3  7
1  4  3  4  4  2  0  2  8  7  2  8  3  5  4
5  7  3  0  3  3  4  1  8  4  3  9  6  1  1
```

743189	94051039	10119788914
940841	207143420	28109788914
2011483	241985449	87445847741
2099081	278202443	
03052443	303341843	
20405514	803514247	
21401478	2434514247	
58742443	5433427488	
70741411	7471741479	

FIND THE NUMBERS

```
0  8  1  2  4  4  0  0  3  4  2  4  1  8  7
4  1  1  8  0  2  0  7  2  3  9  0  2  0  8
2  8  4  0  2  8  7  2  8  4  8  1  3  4  4
8  1  5  4  1  8  8  4  4  2  3  5  2  3  1
8  4  3  6  8  8  9  0  1  6  3  8  0  6  0
1  5  3  9  9  3  8  3  1  4  7  1  8  2  8
2  2  7  9  8  0  2  4  8  1  1  5  0  2  7
7  8  9  7  4  5  3  4  0  4  4  4  7  3  4
2  4  2  4  0  1  1  1  8  6  5  3  4  2  2
3  0  7  5  8  4  8  2  4  3  4  7  6  0  6
4  5  3  0  4  5  5  9  9  2  0  1  8  8  5
7  4  4  3  0  2  8  0  2  7  1  5  0  4  6
5  8  5  1  1  5  4  1  1  0  1  0  0  3  2
2  4  5  4  1  0  3  4  8  9  0  3  7  5  0
7  7  5  4  8  9  0  1  4  0  1  7  5  3  7
```

01145	2438824	030146048
029814	3424187	067434284
208074	4354798	84054847
548398	5489014	0218984084
886348	7414144	270208114
1421073	8410874	309843014
2082034	20880114	

FIND THE NUMBERS

```
5  2  3  7  4  0  1  8  3  6  7  0  8  0  7
1  7  4  0  7  9  4  6  4  1  4  9  6  0  6
1  8  8  7  4  2  4  8  3  3  0  7  8  1  3
3  5  0  2  1  2  0  4  4  4  7  4  6  8  7
2  8  0  4  9  4  5  6  5  6  9  1  3  5  3
9  2  5  3  8  2  5  1  6  5  2  7  1  9  1
6  9  2  8  4  7  9  5  0  2  0  7  4  4  8
0  4  6  4  6  7  0  7  6  6  7  7  1  7  1
7  3  8  0  9  9  9  6  1  3  2  7  0  2  6
3  4  5  8  0  2  2  1  4  0  8  8  7  5  9
8  7  7  3  9  0  3  3  0  7  3  2  4  8  1
3  8  0  0  7  0  5  1  8  4  6  1  4  3  1
2  5  1  5  6  6  4  0  4  2  7  0  0  7  5
3  8  5  8  7  0  7  3  2  4  7  0  8  3  6
8  8  2  0  8  3  8  6  9  3  3  9  0  3  2
```

70554	7401974	70732470836
740794	70338424	740792072836
6742836	6746078408	
7401836	7072438408	

FIND THE NUMBERS

9 7 4 0 9 4 7 0 1 3 7 4 1 0 9
2 0 6 4 0 4 5 2 0 8 7 4 5 2 4
1 6 9 1 8 7 0 3 0 7 8 4 7 4 7
5 0 3 0 2 1 4 7 4 2 2 9 1 6 9
5 1 1 5 7 0 4 9 0 7 2 7 7 9 8
2 1 8 3 8 2 8 3 4 2 0 4 6 4 2
7 4 9 0 8 1 4 7 5 1 1 7 0 4 7
1 7 5 0 2 3 8 7 4 5 5 3 1 4 4
4 4 0 2 2 7 2 2 2 9 7 2 9 8 4
4 7 4 2 0 7 8 2 0 0 8 0 4 0 1
9 8 8 7 4 1 5 2 8 4 8 3 6 8 7
1 9 1 7 4 3 8 3 4 3 2 3 0 5 8
0 0 7 4 8 0 5 7 0 3 1 6 0 0 5
6 1 3 3 5 7 0 7 2 0 2 4 7 9 6
2 7 1 0 5 5 7 1 5 7 1 5 0 9 8

38347	901473	50238745
74941	1817074	57072024
100474	3078474	74908147
188974	5147889	
207049	6011474	
208402	8903802	
218382	9740947	
283420	0038947802	
827441	42547802	

FIND THE NUMBERS

4 4 0 8 5 0 1 1 3 4 7 3 3 3 9
0 0 4 3 3 4 6 0 1 1 9 7 2 1 9
3 4 8 6 5 2 1 1 4 5 4 7 8 7 0
3 8 0 4 0 8 0 6 3 3 8 0 0 4 4
8 2 4 7 5 7 5 1 6 5 4 0 1 8 2
3 1 6 7 2 6 5 5 4 6 3 7 2 3 2
6 5 1 5 9 0 2 4 2 2 4 6 4 0 1
5 0 7 4 8 0 4 6 5 9 2 0 3 5 1
0 1 5 6 0 4 7 3 5 4 4 0 8 1 4
1 8 1 4 4 3 2 1 4 2 7 7 0 9 7
3 6 3 3 6 2 4 4 8 9 5 7 1 6 9
5 7 2 9 0 4 3 8 8 3 8 0 9 6 8
7 4 8 4 3 0 9 4 7 5 0 7 1 3 2
2 9 5 8 8 8 1 4 4 4 5 1 4 0 0
4 5 3 9 1 2 7 1 6 3 5 9 1 5 1

546494	54743401	801243801
547843	90718301	5478943402
2410238	242246401	0397745457064
14798201	748430947	

FIND THE NUMBERS

3	5	6	3	1	1	9	0	0	4	8	9	0	7	1
5	0	4	1	4	0	2	7	8	6	4	7	4	5	5
4	7	3	3	1	8	2	3	0	5	7	6	1	0	1
7	4	4	3	4	7	0	0	6	2	8	5	5	9	0
3	9	1	9	4	9	0	4	5	3	7	5	0	5	6
0	7	8	9	3	4	8	9	1	7	0	7	0	2	6
0	4	1	2	0	8	3	4	8	6	4	4	6	0	0
4	1	1	7	8	2	2	3	6	0	4	4	4	9	9
5	4	5	1	3	0	0	4	8	7	2	7	2	4	3
0	5	1	4	5	0	2	4	6	3	4	8	7	0	2
7	4	2	9	4	3	5	4	1	7	1	4	7	0	3
7	7	0	7	3	0	5	5	1	7	4	1	6	2	7
4	7	4	6	7	6	9	7	9	0	8	4	8	5	3
1	8	9	4	2	7	0	6	7	4	8	4	6	1	7
1	8	5	7	4	3	3	4	5	0	7	4	3	9	1

2444036	9020417843	707746140843
140278647	10205744203	
0142082897	18113833443	
900489071	30045077411	
942706748	64476489434	
2782089071	574334507439	
7414547788	644764283947	

FIND THE NUMBERS

```
5  3  4  3  1  2  4  0  9  3  9  2  1  7  8
3  4  7  7  4  1  4  0  1  1  1  1  1  1  0
4  7  7  0  4  1  4  9  3  1  7  9  5  8  7
7  3  2  7  7  0  1  1  0  1  8  0  6  4  2
2  4  5  1  4  5  0  8  0  1  6  3  5  5  2
4  3  3  1  1  7  4  1  5  1  4  8  0  9  2
0  7  0  2  2  3  2  0  2  8  5  2  9  1  3
6  5  7  1  2  0  4  7  1  4  2  7  4  1  6
0  8  3  4  3  2  3  2  2  1  4  8  7  7  3
3  8  9  1  1  8  7  5  4  5  1  0  0  4  2
0  3  3  1  6  2  5  8  6  1  7  3  0  8  7
1  4  6  0  0  1  0  9  4  8  3  3  2  1  4
0  2  0  3  4  9  0  7  0  1  4  9  1  6  6
4  7  0  6  5  7  4  8  9  8  3  6  9  8  1
4  6  8  0  5  4  3  0  4  8  0  1  3  5  9
```

14243	1038110	8970214774
100474	57489836	
274774	110414774	
581143	274241094	

FIND THE NUMBERS

```
0  3  0  6  3  0  3  7  4  2  4  8  3  0  9
4  3  8  4  8  9  0  3  8  0  2  8  0  0  8
0  7  5  4  4  1  1  4  0  6  4  8  3  3  3
4  1  3  0  8  9  0  6  4  1  0  2  7  3  0
3  4  4  7  7  9  7  7  8  9  5  0  1  9  1
3  1  7  2  0  2  0  2  7  2  4  8  7  0  0
1  8  6  0  4  3  8  3  8  4  3  2  3  5  1
0  8  4  5  4  9  7  8  3  7  3  1  8  0  3
9  9  8  2  0  0  8  2  0  4  2  2  4  0  4
9  4  2  0  7  3  3  4  8  3  7  8  3  7  4
0  1  7  9  1  4  4  0  8  4  6  3  4  9  8
4  5  2  3  9  5  3  6  5  8  8  7  2  8  5
9  8  0  4  8  6  7  1  6  7  0  3  0  4  3
4  4  2  3  5  0  7  4  1  7  4  3  4  8  1
0  4  0  3  4  5  6  0  3  2  0  3  7  4  1
```

3472483	308848942	3848278279
3477018	384342047	3848903802
30882705	384604114	30890641027
34714705	384827307	347648272020
34750304	384890334	
34751088	3842473036	

FIND THE NUMBERS

1	9	1	6	3	4	9	0	2	8	3	0	7	4	8
1	2	7	1	1	4	3	4	3	3	4	5	3	4	9
7	2	4	2	4	3	8	4	7	1	0	9	8	4	3
1	4	0	1	4	0	8	5	1	4	4	3	8	0	1
1	5	9	1	1	4	8	8	4	7	5	2	5	5	4
8	0	3	0	2	0	5	0	4	7	4	2	0	6	8
2	7	8	2	3	8	1	4	4	1	0	8	0	2	5
5	4	8	7	8	8	3	4	7	8	9	9	3	7	4
4	8	1	2	4	9	3	0	7	0	2	8	4	4	7
3	8	4	8	8	9	3	7	9	0	9	8	0	2	2
4	8	3	4	9	4	2	0	4	8	9	8	3	7	0
6	9	6	3	5	0	7	4	7	4	4	8	1	4	5
4	0	4	4	8	0	5	4	7	5	2	3	1	4	2
3	8	0	7	0	2	8	8	7	8	9	8	3	4	4
3	4	8	9	0	2	8	1	5	0	3	3	9	6	1

509814

702547

5703982

24384714

43543343

470382094

570891488

2447383094

30518209843

38742947801

2411014709814

FIND THE NUMBERS

3	9	9	7	8	4	1	0	2	7	4	7	1	0	4
9	7	0	4	8	7	2	2	4	3	8	5	0	6	3
8	4	9	2	2	4	0	3	1	0	0	1	9	3	1
2	5	8	3	3	3	5	7	4	5	4	3	0	7	0
4	0	2	1	0	0	2	1	0	2	4	4	1	4	1
2	8	4	5	0	3	1	0	7	0	9	7	4	3	7
0	3	4	2	1	4	3	3	5	4	3	0	6	1	0
8	9	5	3	8	2	8	0	0	4	6	0	7	8	1
9	8	4	4	2	0	4	2	1	8	6	0	3	3	1
4	3	1	7	4	1	8	4	7	2	1	5	4	4	0
7	6	4	4	3	8	7	1	4	8	5	7	4	2	4
8	4	1	4	8	8	4	3	5	0	0	8	9	3	8
3	9	0	7	5	0	3	5	4	0	4	5	2	4	5
3	6	6	1	6	7	4	4	3	4	6	0	9	8	6
4	7	4	3	6	3	8	3	3	8	5	4	4	5	3

01824	7431834	6744346098
103024	10170110	14884350089
103209	034201880	24758417834
574543	34290730	58338363474
824064	74720148	97450839836
907503	241407501	98242089478
2103303	583422784	
5425404	982445414	

FIND THE NUMBERS

```
7  9  5  7  5  6  4  2  4  3  4  4  4  0  3
0  3  3  4  5  7  4  3  4  1  0  1  0  9  3
5  4  0  5  2  4  3  2  0  7  9  3  4  9  9
6  4  3  3  8  7  9  4  3  6  6  9  0  1  4
4  5  5  8  2  8  8  0  6  4  1  8  0  1  0
1  4  0  2  3  7  0  1  3  0  7  9  8  4  3
4  7  2  7  8  4  4  1  0  4  2  2  9  5  8
3  4  5  9  4  4  4  7  1  6  9  8  4  8  4
5  1  3  3  0  4  1  7  0  0  8  8  7  6  7
4  1  3  0  6  2  2  4  5  6  3  3  4  2  3
4  8  6  4  4  1  3  4  3  1  4  7  4  1  2
1  8  0  2  4  7  1  0  3  3  4  4  8  5  1
0  1  1  6  1  1  8  7  0  4  5  7  6  9  1
1  2  8  1  4  8  0  3  6  4  1  4  8  2  1
2  6  2  6  3  5  1  8  3  2  4  1  3  2  1
```

148943	4430478	032747064
301108	4710334	74341010
343147	5744383	1480364148
1832413	7478744	
2782064	8409914	
3424470	10814608	

FIND THE NUMBERS

```
8  4  9  7  2  3  3  2  4  3  4  5  4  5  0
0  1  1  4  5  3  4  3  1  4  7  2  8  7  2
1  2  1  1  0  3  0  8  9  4  8  7  1  7  8
1  1  8  8  0  4  1  8  9  0  3  4  3  9  8
3  2  6  0  4  7  1  5  8  0  9  3  9  4  9
5  5  0  4  9  2  4  2  8  9  7  2  9  0  5
5  1  0  1  8  2  7  3  4  5  1  0  0  6  7
5  9  3  0  1  1  4  5  1  0  9  2  3  8  9
6  0  9  2  6  1  0  7  0  0  1  4  0  3  5
0  2  8  0  2  7  3  3  8  7  1  2  3  3  9
1  0  9  2  3  2  4  9  8  3  2  0  6  6  9
3  0  4  6  5  7  7  8  4  5  3  7  5  2  9
7  6  4  4  4  0  7  1  0  5  3  8  0  5  5
4  2  3  1  8  3  7  6  8  4  6  0  9  8  4
8  8  7  1  8  3  9  4  8  0  3  3  5  7  4
```

583018	8903439	1013470114
741343	30709843	340114740347
890648	50727084	833874290820
5083501	60039894	

FIND THE NUMBERS

5	7	4	3	1	4	7	4	3	5	4	0	4	3	5
0	1	8	7	0	8	8	7	8	3	7	0	3	6	0
0	1	0	4	9	2	4	0	7	2	6	3	0	4	3
1	4	3	2	9	8	7	1	8	9	7	0	2	2	4
3	1	5	0	8	0	2	0	2	6	9	8	8	6	3
4	9	4	8	1	0	0	8	4	4	0	7	4	0	8
0	0	7	7	3	0	5	0	3	3	3	1	7	1	8
8	8	0	3	4	4	4	4	1	4	7	4	4	2	3
8	7	5	7	1	0	3	4	8	4	9	4	5	5	8
4	4	5	8	0	1	5	8	6	8	7	8	9	2	3
3	0	4	0	4	5	7	8	9	3	0	2	0	5	4
0	4	0	7	6	3	7	4	9	8	4	1	8	7	7
5	4	9	4	7	6	4	0	2	7	4	5	1	8	4
9	6	9	4	0	3	1	4	3	8	3	6	3	3	9
2	3	9	3	3	4	7	0	7	0	3	3	0	7	3

60808	4254342148	343883834749
540403	5436440103	703307074339
4036270	5494764027	
8783703	9473407203	
14190874	50013408843	
54106808	064898343854	
94736704	70894382897	
940314383	82741000948	
1474354043	110884508201	

FIND THE NUMBERS

```
6  6  3  4  9  6  3  8  1  7  0  1  1  9  8
7  3  0  7  0  2  0  3  3  4  6  3  1  0  4
1  4  0  1  1  8  4  3  0  7  4  4  2  4  3
4  4  3  3  0  3  8  1  0  7  4  7  8  1  1
4  4  3  6  8  3  0  4  1  0  4  8  8  3  4
3  5  8  5  0  7  4  3  0  9  6  9  5  0  1
4  7  1  7  4  2  4  8  4  9  5  0  3  2  4
4  3  0  8  4  7  2  3  9  8  7  3  4  9  0
4  4  3  1  1  9  3  0  3  2  4  4  4  0  3
0  7  0  3  0  0  9  7  1  0  4  5  7  3  2
9  9  8  9  8  0  7  8  8  9  2  7  9  3  2
7  7  0  0  3  4  5  9  0  1  4  0  7  0  3
4  4  8  7  4  9  2  4  3  4  1  3  3  4  5
4  7  8  1  9  2  3  0  5  4  3  8  0  5  2
5  3  4  2  0  5  4  1  8  3  2  4  3  9  6
```

001073	3424470	4089947844
011843	3450329	20541832439
019430	10747811	143547378118
44097	34797473	247742984301
099820	84097473	
204060	342947844	
1048834	0387433020	
02206347	433020703	
2439701	1071836943	

FIND THE NUMBERS

```
8  8  0  0  4  3  4  7  0  3  3  7  4  3  1
9  4  4  9  2  4  3  9  4  8  4  1  4  3  6
9  3  1  8  4  1  7  0  1  9  5  1  1  5  7
4  8  4  4  5  1  4  5  5  4  7  9  4  4  3
0  2  0  1  3  4  8  8  8  1  9  8  6  1  5
5  3  5  4  4  9  7  5  2  5  2  9  7  1  4
9  2  4  3  9  4  4  9  4  3  9  1  6  9  9
7  9  8  9  2  4  3  4  4  9  1  4  7  9  2
3  4  0  4  5  4  2  4  3  5  3  2  1  4  4
9  4  9  4  4  7  9  3  4  1  1  4  2  9  3
0  4  4  1  3  2  2  7  1  9  0  4  2  3  9
3  4  4  9  7  8  7  9  6  0  7  4  3  9  4
8  8  7  4  3  7  4  9  3  8  8  6  9  7  4
9  4  9  4  3  8  3  4  9  4  4  3  8  4  3
9  2  4  3  9  4  8  8  3  4  7  5  7  4  4
```

54794	5479443	924394883
58594	5859443	9243945814
88394	8414394	92439484143
383494	8839443	
414143	38349443	
486794	48679443	
924114	97879443	
924394	841439443	
978794	924394434	

FIND THE NUMBERS

2	4	3	0	7	0	6	0	7	3	4	3	4	2	3
1	4	4	1	2	7	8	2	4	3	4	9	8	6	0
4	8	4	1	0	3	3	4	7	2	2	0	4	5	4
4	2	1	0	3	1	0	0	1	0	0	0	0	4	3
0	8	0	9	9	6	5	1	4	6	5	8	7	0	8
7	0	1	1	4	7	2	1	1	9	8	3	8	3	9
7	2	4	0	0	7	7	0	2	0	6	1	3	1	7
8	8	9	2	1	5	3	9	5	4	8	0	9	8	4
5	0	2	4	8	3	0	3	0	3	5	0	0	8	3
0	2	8	0	3	7	4	8	4	1	8	4	2	1	4
5	3	8	8	7	3	5	9	7	4	0	5	7	8	1
6	7	8	3	1	5	4	0	2	0	1	7	9	0	2
1	6	0	3	7	0	6	3	8	9	1	3	8	5	7
4	8	9	4	4	4	7	9	0	3	6	8	4	7	4
2	8	9	9	0	2	3	4	0	3	7	2	5	1	2

70109	207700427	243070607343
088107	2080110320	340000100130
243830	2899023403	
1465870	5402017902	
2454707	5402274330	
2741107	10780501024	
9036847	89434287214	

FIND THE NUMBERS

```
0  8  7  3  0  8  4  9  0  0  8  7  3  5  9
6  0  5  1  2  7  5  1  3  0  7  7  6  9  8
6  5  4  2  0  7  4  9  8  0  4  7  4  3  5
0  9  2  3  1  8  0  2  7  4  3  4  7  6  4
0  1  2  3  7  0  8  2  0  2  4  0  5  1  2
3  0  4  3  3  0  1  1  8  2  7  3  2  7  1
7  9  1  7  4  1  5  3  0  1  7  1  1  0  6
8  0  0  5  8  8  0  5  2  3  7  2  4  1  7
3  6  4  4  0  4  6  0  8  8  3  1  3  6  3
8  6  4  7  9  9  8  4  9  1  3  5  6  5  8
6  1  2  2  8  4  8  6  0  4  1  7  3  6  4
2  9  2  4  5  3  5  7  6  3  2  4  5  5  6
6  2  3  3  5  7  1  4  5  1  1  3  4  1  3
8  4  2  1  0  8  1  3  8  8  8  7  4  3  7
5  4  3  7  8  4  6  0  8  8  4  2  2  4  7
```

0147848	3486403	347408947
485789	7020303	8027434764
1013283	10094234	74224880648
1406848	11855073	

FIND THE NUMBERS

4 7 0 3 0 0 1 9 4 9 3 0 1 3 8
5 6 3 4 8 2 0 7 4 2 8 1 0 6 1
7 4 3 8 0 4 7 9 4 7 7 9 1 7 3
8 0 0 1 8 0 7 0 3 0 0 4 0 3 0
2 2 5 9 8 7 4 0 1 0 3 7 4 2 0
0 0 0 7 7 2 8 5 1 0 9 5 0 4 7
1 6 7 7 4 4 0 6 3 8 7 7 4 1 0
2 8 3 0 1 2 7 7 0 4 0 2 8 0 0
7 2 0 0 8 7 4 9 1 1 8 3 2 4 0
0 3 8 5 9 0 4 6 4 7 0 2 0 0 0
1 6 9 6 8 9 7 7 9 5 4 0 0 2 3
8 8 9 7 4 0 1 0 8 3 7 7 7 2 5
4 3 3 4 8 3 2 4 9 0 0 5 8 3 4
8 4 1 8 9 0 7 4 9 0 6 4 2 0 9
4 5 3 4 1 4 2 4 7 2 1 5 2 0 6

01070	0487903900	60874717028
274440	01824702843	608747170281
2030810	2028435400	
84189074	2403964247	
94238433	2742414354	
94930138	5409747945	
109070807	7820127018	
174035400	30227010720	
0330507308	37001068788	

FIND THE NUMBERS

4	9	3	0	2	7	4	0	7	9	5	4	1	9	0
4	9	7	4	8	4	2	3	0	1	0	1	2	6	1
7	3	0	0	5	7	4	9	4	2	9	4	7	2	8
3	7	5	1	5	7	2	1	4	6	3	8	5	3	0
0	4	7	6	8	2	2	7	4	3	8	1	4	7	5
3	0	8	1	0	7	8	1	5	4	8	3	2	8	4
8	2	3	1	3	8	9	4	6	1	2	3	3	0	7
0	5	4	6	0	3	2	9	3	4	8	9	0	5	1
2	1	8	2	8	9	4	0	5	6	5	1	3	4	8
7	3	5	7	4	7	3	9	7	5	1	4	3	7	8
8	0	8	4	8	7	9	4	4	0	8	6	4	2	4
5	3	4	0	2	3	0	6	7	1	3	9	5	4	5
8	5	5	8	6	1	7	1	4	0	4	3	6	2	5
2	2	0	9	4	7	3	0	1	1	5	3	1	0	7
4	8	9	7	4	3	6	9	7	4	3	7	1	4	7

57834	20947301	740795419
703314	50743901	802785824
825079	57418347	805471884
1010324	80547242	2422892439
3414943	242470114	3882851834
5098439	574942947	8974369743
9781094	707387858	

FIND THE NUMBERS

2	8	7	8	4	1	7	4	8	4	7	1	5	2	2
5	4	2	3	4	6	4	7	9	8	3	0	4	5	0
3	8	1	8	4	8	9	3	0	1	5	4	1	8	1
1	6	4	8	1	4	0	5	1	8	8	8	4	5	1
4	7	4	7	5	8	4	2	9	0	3	3	1	8	5
3	4	8	2	5	4	7	9	0	3	2	4	5	6	3
5	0	7	1	0	2	9	4	7	8	0	6	5	0	2
4	3	3	2	4	0	0	3	8	2	0	1	8	1	7
8	3	4	0	3	0	3	8	2	0	1	8	3	3	5
1	2	2	5	8	7	4	5	8	1	8	9	7	4	5
2	0	9	4	7	7	4	9	0	2	3	8	0	7	3
5	9	9	0	4	6	2	8	3	0	6	7	4	3	8
3	4	0	3	5	1	0	3	9	8	3	0	4	2	4
3	7	9	4	2	4	8	4	8	9	4	2	8	4	3
4	6	3	8	9	7	6	8	1	4	2	6	0	6	3

20947	708320947	8254790324
84818	834760382	34030382018
0382018	0924857474	54798185478
424038	1814510398	54888150418
510398	3403510398	67403320947
10294780	03820120894	
18679836	4248489428	
38974643	7484714878	

FIND THE NUMBERS

```
4  4  0  3  6  4  1  4  0  2  4  3  1  1  0
1  0  1  5  4  3  7  0  0  6  8  1  6  6  1
8  8  5  8  8  6  8  4  7  4  0  6  2  8  6
2  0  1  7  4  3  4  0  3  5  5  5  2  6  8
4  3  7  4  8  9  8  6  4  3  9  0  0  8  8
9  3  4  7  6  0  9  3  6  2  4  2  2  4  1
9  4  9  0  5  1  1  8  8  7  1  2  8  8  1
8  1  4  9  4  5  8  8  1  4  1  0  2  9  1
1  6  4  1  5  5  5  4  2  4  5  3  8  0  7
0  9  8  9  4  0  0  4  1  2  5  0  0  3  5
9  0  1  4  1  4  3  6  1  7  0  9  7  9  9
9  3  3  1  4  4  3  2  8  4  1  4  2  8  5
4  4  4  6  5  5  1  5  8  1  7  4  2  1  3
9  7  0  5  5  8  2  4  3  0  4  0  3  4  2
7  8  8  5  4  3  3  4  7  4  1  2  3  3  8
```

01418	503280	8600734
04748	541470	022433474
14194	545414	82499810
20424	549418	97055824
28414	901414	418499814
036414	2028280	7885433474
74898	02203094	8489039814
080334	8146184	

FIND THE NUMBERS

```
2  2  9  7  1  1  8  3  1  3  1  2  0  2  1
0  4  0  2  0  9  4  7  5  7  4  9  3  8  7
1  1  2  0  5  7  5  8  1  5  3  0  8  7  9
5  9  4  5  3  0  1  5  5  2  3  1  7  2  0
3  7  4  1  7  4  3  4  3  4  3  1  3  8  1
0  7  6  4  8  4  1  6  8  0  5  7  3  4  7
6  4  3  8  9  0  4  0  0  4  6  5  4  5  7
7  3  4  8  0  0  1  3  6  1  3  4  7  1  0
8  9  2  8  4  5  0  7  8  2  4  9  8  0  8
9  3  2  4  3  2  4  5  2  0  4  9  8  2  0
1  5  4  3  8  0  2  4  3  9  4  0  7  3  8
7  2  3  3  5  1  7  6  0  0  1  6  8  7  4
4  3  9  4  3  3  8  2  4  3  9  4  7  8  1
7  1  0  0  5  0  1  4  3  3  9  8  8  4  1
5  2  1  3  4  4  8  6  6  8  8  0  3  3  7
```

18804	8439834	439433824394
036014	243245204	8394757490204
41707	5438024394	
49820	24257443804	

FIND THE NUMBERS

5	6	0	7	0	4	9	7	0	2	5	4	9	8	7
6	0	1	7	4	5	7	0	2	9	8	4	3	8	6
4	3	8	4	4	1	0	9	4	1	5	0	2	3	3
3	4	0	1	1	4	0	8	4	9	4	8	1	1	1
6	6	4	3	6	4	3	2	4	1	3	4	1	4	5
5	5	5	3	3	2	5	2	8	1	2	4	8	1	3
0	5	8	3	8	4	0	8	8	2	7	8	2	2	0
1	1	4	4	3	7	1	8	0	3	4	8	9	0	5
9	6	6	6	2	0	0	8	7	1	0	3	9	3	2
5	5	5	4	0	3	0	9	4	4	5	7	3	4	7
0	8	4	1	9	6	0	6	2	3	5	7	3	8	2
2	0	1	1	4	2	1	4	7	4	5	2	0	7	2
5	7	9	4	4	2	0	5	1	9	3	2	4	8	0
5	7	5	0	4	0	6	4	1	1	4	9	8	4	0
3	6	3	6	6	4	7	3	3	0	4	7	6	7	6

14974	641149	144247036
50984	1412034	303341843
114084	7041459	342907834
140324	8075108	570298438
201142	9702549	674033746
283342	30067947	
540309	42547802	
543274	74432830	

FIND THE NUMBERS

```
7  4  3  2  4  5  3  0  6  1  9  5  4  8  0
1  5  5  7  9  5  0  2  4  2  0  0  4  7  0
1  8  1  2  4  4  2  7  4  9  0  5  2  4  2
2  0  3  3  4  3  0  4  7  2  9  2  6  8  1
6  0  0  2  5  2  0  2  9  7  4  4  7  1  0
2  1  3  0  7  6  5  1  4  9  2  2  7  1  4
3  8  0  1  9  4  0  0  5  7  4  5  1  9  1
6  7  5  9  1  4  4  2  8  7  1  3  7  5  1
7  9  4  4  9  4  0  1  1  8  8  5  6  2  0
3  8  3  3  9  4  1  0  7  5  1  0  9  8  7
0  9  4  1  4  6  7  0  5  7  4  0  1  0  3
4  4  7  0  1  8  2  8  2  7  4  2  0  1  4
1  3  0  5  1  4  0  7  4  2  0  2  7  2  5
8  4  9  9  2  8  2  7  4  8  2  4  5  4  3
1  1  0  1  9  7  6  8  1  5  3  1  4  0  7
```

27441	24250947	941467057
041107	0094241814	2827482454
202470	109947848	
203343	110494497	
374348	186791011	
742049	249943683	
01570149	282742014	
2425088	502420047	
08751034	603542347	

FIND THE NUMBERS

7 3 2 8 1 0 7 0 2 0 4 7 8 5 1
3 8 7 9 5 4 3 7 4 1 7 4 2 5 9
8 0 8 2 9 3 3 0 8 6 9 8 0 9 2
6 7 8 3 3 0 0 6 8 8 4 1 5 0 3
7 6 2 6 4 4 4 8 0 1 1 8 8 5 5
5 8 3 4 4 2 7 8 8 1 0 6 3 0 4
4 8 8 0 5 2 8 5 4 8 8 9 3 3 5
7 3 5 3 9 2 7 3 8 3 0 6 8 4 4
9 0 2 0 7 2 0 4 0 1 8 7 8 8 1
0 0 9 6 2 0 7 0 3 8 8 7 7 4 8
6 9 8 4 6 0 0 8 7 4 9 5 2 7 8
0 8 2 4 1 0 3 3 8 2 2 0 8 0 7
4 9 9 4 6 4 7 2 0 3 2 0 4 3 8
8 0 4 9 3 1 0 9 1 8 0 3 3 7 4
4 9 5 3 0 4 7 4 0 6 4 3 0 6 2

20478	647203	8901803
25427	741742	27409803
30927	1091803	58185834
047403	1436018	90503484
070182	2783484	347246803
0073887	4361887	824103382
303887	5833887	830098909
541887	7088803	5479060484
574327	8243887	

FIND THE NUMBERS

8	7	5	0	8	9	8	7	7	8	3	6	5	4	2
7	2	8	4	1	1	0	7	4	9	1	0	3	0	1
8	4	6	6	3	8	1	9	9	4	8	3	0	0	6
4	2	9	6	3	8	9	0	7	4	5	8	0	3	4
5	4	5	8	4	5	4	2	8	3	4	8	6	4	7
1	8	1	7	8	1	6	4	9	2	7	5	3	0	2
7	2	2	1	4	3	8	0	6	2	0	7	9	1	0
4	7	4	9	0	2	8	9	2	4	7	7	4	2	9
1	0	1	4	0	1	8	8	2	2	9	4	2	4	4
2	7	1	2	3	7	4	8	3	4	9	0	1	4	8
7	8	8	2	5	3	4	7	4	0	3	0	7	5	9
8	7	6	3	4	0	8	8	5	3	5	3	1	6	8
4	4	0	1	4	5	2	2	6	2	2	6	4	3	2
2	7	4	7	3	5	0	7	7	0	8	1	0	2	5
1	0	3	8	3	7	8	1	8	9	4	3	4	6	4

17834	4118604	2433429814
28334	20948982	03019470114
57030	74684382	03837818943
70787	88388947	8257410114
410943	89877836	58290748604
2477429	0384991836	430854709836
2702801	825742884	

FIND THE NUMBERS

7	2	1	0	9	3	4	5	8	7	4	7	5	5	3
5	3	3	2	3	4	0	1	8	4	2	4	0	7	9
4	4	5	4	9	0	2	4	3	4	9	3	3	2	1
7	8	0	4	0	6	8	4	7	5	3	3	7	9	9
8	3	4	1	3	7	9	2	1	1	3	4	1	7	5
4	6	2	3	0	9	7	2	1	0	1	1	4	1	5
3	7	8	4	1	0	8	6	8	3	4	0	0	5	8
3	1	8	8	2	8	5	4	8	2	0	6	4	5	1
0	0	6	8	2	0	3	0	2	0	3	6	3	1	2
6	9	6	8	9	8	1	5	0	2	5	4	1	0	3
4	1	0	3	8	4	2	9	0	2	7	9	7	3	4
8	0	2	1	0	4	8	4	9	0	3	5	8	2	5
8	3	9	4	1	2	7	7	2	3	0	3	6	7	0
1	8	8	3	8	5	8	7	4	5	0	4	2	4	5
1	1	8	3	2	7	4	2	8	4	6	3	8	8	4

10114	348883	4342094544
20360	5103274	7478543901
82064	5748604	34018424079
89785	036401424	54784330648
242828	78894874	

Puzzle #81

FIND THE NUMBERS

7	5	3	8	0	4	1	3	1	9	9	8	6	7	6
0	4	9	8	5	3	6	8	8	4	6	0	2	5	2
2	1	3	5	0	1	6	1	4	0	8	7	7	0	4
3	9	0	2	3	7	7	2	1	0	1	9	1	8	0
0	9	3	4	4	1	1	0	4	1	4	4	5	5	0
0	0	0	0	4	3	4	9	5	1	1	7	9	5	3
2	7	4	1	4	8	9	4	7	4	1	4	9	4	4
9	1	0	8	4	6	9	3	8	0	5	8	5	8	8
4	5	6	3	6	1	4	4	0	0	4	4	8	0	8
8	4	1	8	8	4	1	4	1	2	4	7	4	9	3
4	4	7	0	8	8	4	7	5	2	1	8	4	3	3
8	6	2	0	5	1	4	3	4	6	4	3	8	1	1
4	3	8	7	4	2	4	1	6	8	7	9	4	3	3
8	0	2	0	9	9	0	9	7	0	4	7	7	8	0
2	8	3	3	8	5	5	4	3	4	8	8	0	7	8

11443	1488148	385543488
17083	3884084	27414894741
21498	8974048	740790990208
24118	24003488	978614247834
74079	30213488	
434643	38014948	
0794748	57488074	

FIND THE NUMBERS

5 2 1 4 1 1 4 5 8 4 1 3 8 6 9
8 4 1 1 0 6 3 7 4 5 3 0 3 4 0
4 8 0 4 7 3 4 1 4 3 2 8 8 5 2
1 1 4 6 3 8 7 1 3 4 7 8 3 5 0
5 1 1 4 3 3 6 4 5 8 9 5 4 8 8
4 3 0 1 5 4 3 2 3 1 8 4 2 1 2
7 4 6 7 4 6 4 3 7 4 4 7 8 4 0
9 4 4 6 4 3 4 2 2 0 8 9 1 4 7
7 5 4 5 6 8 5 7 3 2 1 2 4 9 4
4 2 3 2 4 8 4 7 5 4 4 7 8 0 0
4 5 8 6 1 5 1 7 5 5 4 0 9 5 8
0 1 8 7 4 7 4 4 8 2 8 7 2 1 4
1 8 1 4 7 9 4 7 0 1 1 1 6 1 6
5 4 0 8 3 6 8 7 4 0 8 4 4 6 2
7 2 1 0 4 4 7 4 1 0 1 8 7 8 6

7454544	547974401	8743178364
74847011	674432443	18147947011
101474401	0836874084	54792707148
342208914	1104106443	747448287214
383428148	1411458413	902082074084
547360114	3414374084	

FIND THE NUMBERS

```
7  2  8  3  3  4  7  0  3  4  8  7  4  3  0
6  0  1  4  3  4  7  8  4  5  4  9  0  9  3
3  9  4  3  4  7  8  4  8  7  4  0  7  4  1
5  4  5  5  1  2  1  3  0  1  5  0  7  1  2
3  1  2  1  4  3  7  8  7  4  4  0  1  0  0
8  4  5  2  0  7  4  7  7  4  6  2  0  8  0
5  1  0  4  9  5  0  5  5  6  4  0  3  5  4
4  1  9  7  5  0  4  5  6  3  7  4  4  0  2
3  1  3  3  5  1  7  2  1  5  5  7  4  7  2
4  8  4  4  5  6  0  7  0  5  0  0  4  4  4
0  1  1  5  0  6  5  9  8  1  8  3  1  6  7
8  5  7  7  2  0  1  7  8  7  1  3  5  0  7
4  4  7  4  1  2  6  7  4  1  2  0  4  5  8
3  3  7  7  4  3  3  0  3  0  8  8  8  0  2
8  6  8  2  7  4  6  6  1  3  7  0  4  5  0
```

10344	2477820	2787709Î224
50214	9434784	601434784
94141	14704784	8026477470
98180	143787440	478430743382
108507	1054201108	
703308	208880303347	

FIND THE NUMBERS

1	1	4	3	8	2	8	2	4	3	4	2	4	8	5
7	8	0	1	0	2	1	0	2	0	2	5	3	3	7
8	1	3	4	8	9	8	8	4	5	2	4	2	4	4
8	0	3	4	4	7	0	9	0	7	4	9	8	1	8
9	2	7	5	7	7	4	5	0	3	5	4	3	7	8
4	5	3	7	0	9	2	7	7	2	4	1	4	7	2
7	7	2	2	8	7	4	6	9	3	4	3	1	1	8
4	6	4	1	4	8	1	2	0	8	9	7	4	4	9
1	3	0	5	7	7	9	4	4	5	8	2	9	4	1
4	7	5	0	7	6	4	4	6	4	3	2	2	0	3
6	0	8	1	8	1	7	8	8	1	6	3	4	2	2
6	7	4	8	2	8	9	8	8	9	0	9	8	7	4
0	7	0	2	0	3	8	9	8	4	8	4	1	7	2
2	6	0	4	0	4	7	2	5	4	7	1	4	7	4
1	4	4	5	9	7	6	1	2	3	6	6	6	9	8

0164170	64424974	8909889828
1841464	274288974	20974209828
4361887	424342828	24254889843
5748828	644670574	
7889474	1894709074	
20120108	7020389848	

FIND THE NUMBERS

6	2	5	5	1	1	6	2	1	7	2	0	3	4	1
0	7	9	1	4	0	3	6	1	1	2	2	6	2	4
4	4	3	6	6	4	9	8	3	7	4	7	7	0	4
3	2	0	1	9	8	3	5	5	9	5	4	0	6	0
2	8	2	1	2	8	5	0	9	8	7	2	7	2	2
2	7	5	2	0	7	8	7	2	0	1	1	4	2	8
7	0	4	8	7	3	4	9	5	6	6	0	3	3	5
8	8	4	7	3	3	6	8	8	4	7	1	9	0	3
4	5	3	6	1	4	3	3	4	9	5	9	8	4	6
4	5	6	1	3	6	3	4	8	8	4	5	4	7	7
9	0	0	5	6	9	8	0	1	1	8	7	6	0	5
8	4	7	1	8	2	4	5	6	4	0	8	7	1	8
6	7	3	7	8	4	7	5	6	3	6	2	0	0	0
4	7	4	2	4	1	5	3	7	0	6	6	0	3	2
3	1	3	5	6	2	3	8	1	5	8	7	1	3	7

20727	901858	30201836
143349	2077498	207872011428
514247	3088848	
607343	8471824	

FIND THE NUMBERS

```
2 0 7 8 4 1 1 4 1 4 4 3 9 0 4
5 6 6 4 9 1 6 7 4 5 2 4 2 1 2
8 0 8 5 7 0 2 3 3 4 1 4 8 0 0
3 5 1 2 7 0 4 3 4 2 6 5 1 3 8
4 1 1 0 7 4 0 2 4 9 9 5 4 6 3
2 5 5 4 7 9 6 5 3 4 9 9 7 1 6
2 1 5 9 5 6 8 5 9 9 5 1 5 3 3
7 3 6 2 8 3 3 4 7 4 1 1 0 4 4
8 6 7 0 2 4 0 4 3 8 2 8 0 9 5
9 4 1 8 0 3 5 5 0 7 3 5 5 5 9
4 1 5 9 0 4 0 1 0 3 4 2 0 4 0
4 7 0 1 3 2 5 6 0 7 8 4 4 3 3
0 5 7 4 3 3 0 4 1 5 1 1 4 6 4
4 2 8 9 4 5 8 8 8 9 4 7 8 8 9
3 3 8 2 8 5 0 8 1 3 4 6 7 4 3
```

07841	70503541	84143320758
14114	834227894	89458889478
208914	2833474110	
9082834	5746578324	
51403347	08363459034	

FIND THE NUMBERS

4	3	2	3	4	8	9	0	8	8	1	0	3	4	5
3	9	3	0	8	3	4	2	1	0	8	7	2	2	4
4	4	4	4	4	8	3	8	9	0	3	8	4	6	7
8	9	3	4	7	0	7	4	5	2	4	9	3	4	2
0	2	0	3	6	0	8	6	0	1	2	1	2	5	3
4	4	9	9	4	4	1	8	4	6	4	8	4	8	7
3	5	0	0	3	2	3	8	6	0	1	1	7	3	8
4	1	3	7	2	4	8	3	1	7	5	7	9	9	2
2	5	2	3	0	0	2	4	4	2	9	7	8	1	1
6	2	5	2	0	7	4	0	7	0	1	7	8	0	1
7	0	2	1	0	0	8	9	7	2	3	5	4	5	8
7	4	9	4	2	0	7	0	5	9	4	8	1	0	1
7	4	5	7	8	5	4	4	3	0	8	3	2	5	3
5	4	3	0	1	8	5	0	9	8	4	3	5	8	0
2	8	8	1	0	3	4	9	4	1	4	5	8	1	3

80871	2432479884
107433	3828304334
890384	8012438039
902049	34274824334
2438039	243942547074
7457854	541494301882
507024947	543018509843
886797403	543018809843
886797403	8389702439094

FIND THE NUMBERS

```
1  4  2  9  3  8  0  6  3  4  8  9  8  2  7
0  4  6  3  8  8  8  4  3  6  0  8  3  4  4
7  4  1  4  2  3  7  4  6  0  8  4  3  1  7
4  4  1  0  5  0  3  4  8  9  7  4  8  8  0
7  3  0  1  2  0  7  4  6  8  1  4  7  4  1
4  3  9  1  0  8  7  3  2  8  1  0  1  5  8
8  8  4  4  9  2  3  4  8  8  2  0  8  8  3
5  0  9  8  7  7  8  8  7  0  5  4  2  4  5
8  7  4  0  4  5  2  3  1  9  2  8  3  9  0
9  6  7  1  9  6  2  0  8  2  4  0  4  8  8
0  8  9  3  4  2  4  3  7  1  5  2  0  7  8
1  2  2  7  7  4  3  8  2  4  2  0  4  8  4
8  0  4  3  4  7  0  3  4  7  4  2  9  7  3
5  1  4  8  8  4  3  0  8  2  8  3  8  1  2
4  6  4  8  4  3  6  0  8  3  7  4  3  0  1
```

74301	0348974880
184584	380634888
7468243	7401972074
7485824	74858901854
9747054	274249747054
20974947	
80768201	
207468147	
218382803	

FIND THE NUMBERS

5 3 4 2 1 4 8 4 1 4 0 7 2 2 3
7 6 4 1 1 4 0 7 2 2 2 2 1 7 3
2 9 2 0 1 4 0 1 5 3 7 4 4 4 2
7 7 2 4 1 0 0 2 8 2 8 2 0 8 4
8 4 0 0 7 4 5 7 9 8 1 0 3 8 0
4 2 1 7 7 9 1 7 1 3 3 7 8 1 7
5 7 2 3 2 4 0 3 4 4 8 3 1 4 0
1 0 1 1 8 8 5 8 0 4 8 1 4 2 6
4 5 4 3 7 3 3 0 3 4 7 4 3 4 4
0 8 1 5 4 2 3 6 1 1 1 2 3 1 4
0 1 2 2 0 8 0 0 1 1 4 2 1 4 0
3 4 1 7 4 1 4 1 2 4 4 8 3 7 8
9 1 9 4 1 8 0 4 8 9 0 0 2 9 1
2 1 0 2 2 1 0 2 8 8 1 4 0 1 4
9 4 4 4 1 8 8 4 1 4 7 0 2 4 6

201214	20800114	2074148814
2140314	21028814	2707283614
2140714	21403814	2744750114
2148414	21414714	2781388714
2704114	24147914	240706440814
2705814	24207314	
2748814	207450114	
2784514	247908314	
20338314	2009840814	

FIND THE NUMBERS

7	9	7	8	4	9	8	8	7	2	4	9	3	4	2
4	7	5	0	3	1	7	8	4	7	4	3	8	9	4
2	4	1	3	3	7	8	6	7	1	0	3	3	4	7
0	2	2	2	0	6	9	9	8	3	1	7	2	9	6
9	0	6	3	4	2	4	3	6	3	8	3	3	8	5
2	2	6	2	0	0	3	7	3	3	0	4	8	2	6
7	2	3	3	6	7	4	4	6	1	3	0	9	8	1
2	4	5	7	2	5	4	1	7	0	5	5	7	3	1
4	3	0	4	7	0	3	1	0	8	2	4	3	0	4
3	4	5	4	3	4	9	7	8	3	5	4	9	1	3
8	8	4	7	5	3	4	7	0	1	4	5	8	1	0
8	1	3	9	4	8	6	7	9	1	4	1	4	2	3
0	4	4	1	4	1	6	3	0	9	3	3	9	5	8
5	9	0	9	8	0	4	7	3	3	0	3	0	8	4
4	5	5	0	8	8	4	3	6	4	7	8	4	0	5

8743203	7867103347
20927243	8030337408
84743894	9036141440
97420224	24394278894
3070038679	34181470324
3879434543	58338363424
4867914142	70364760248
5088436478	541074357488

FIND THE NUMBERS

8	4	8	0	1	0	9	1	0	4	3	2	4	3	5
7	0	0	6	0	9	3	9	7	4	6	7	4	0	9
2	8	7	8	0	7	2	9	4	0	7	0	2	9	6
2	4	9	6	3	3	9	4	5	6	7	5	2	8	8
5	0	2	1	3	7	6	1	8	1	4	2	7	7	4
0	5	1	4	2	8	0	8	4	2	4	8	2	0	2
1	0	8	0	7	4	2	0	9	1	1	9	4	3	0
1	8	3	7	8	3	1	8	2	4	4	5	9	9	7
8	9	2	0	3	2	5	9	7	0	7	8	1	4	8
2	2	4	2	5	6	4	7	8	4	5	8	4	9	9
2	7	1	1	6	2	3	8	0	0	3	4	8	4	4
4	4	3	4	8	9	0	1	5	4	3	4	2	2	7
7	3	0	5	7	4	7	8	1	8	9	8	4	3	4
0	3	0	3	4	5	7	4	8	8	8	4	3	7	3
8	3	0	1	4	1	1	8	9	7	4	1	3	4	2

82836	30891421	24314798114
744147	84207894	24735704943
842801	97467409	50118224708
906007	345109843	57478189843
3423401	603689478	84050892743
5020073	744841419	
9010848	3457488843	
18324130	8703949423	
27443478	20704927087	

FIND THE NUMBERS

```
6  3  8  0  0  6  4  4  5  8  5  2  6  4  2
7  7  0  0  9  2  7  7  6  0  0  0  1  0  1
3  3  3  7  7  8  6  1  4  8  0  6  1  6  0
6  4  9  9  1  5  0  7  4  4  0  4  6  7  8
6  2  8  3  5  1  1  9  4  7  4  1  7  3  4
9  7  8  2  0  7  1  7  7  4  6  1  1  8  4
4  5  9  9  0  3  4  0  0  0  8  3  0  5  3
2  4  4  5  4  7  9  0  3  8  3  0  3  5  2
0  0  3  9  6  4  1  1  0  8  9  8  6  4  3
7  7  1  5  2  4  4  4  0  9  2  0  2  2  0
4  9  1  8  1  8  0  5  1  2  1  8  7  5  7
1  5  2  7  7  3  7  2  9  4  9  1  8  3  2
8  4  3  4  8  2  0  3  8  1  2  3  8  5  3
4  3  0  7  4  1  4  3  4  1  5  0  5  1  5
1  2  2  5  2  6  0  2  0  9  7  1  9  2  2
```

90890	9420741841	8321830284348
2427810	24141702843	
4760114	45479038303	
5882830	51434147034	

FIND THE NUMBERS

3 4 7 2 3 4 7 3 3 0 8 7 3 7 0
6 1 8 3 6 4 7 0 1 8 6 7 2 7 2
3 1 4 2 8 5 8 1 2 1 8 6 7 2 0
6 4 8 5 7 3 3 9 1 0 2 3 8 6 9
4 8 6 2 5 3 0 0 2 1 4 6 5 0 7
0 8 5 9 0 7 7 6 5 0 4 7 1 7 1
8 8 8 1 7 2 4 4 9 2 9 2 1 3 0
0 3 5 0 9 8 5 8 8 7 9 4 1 4 4
3 6 1 1 3 1 9 6 7 7 8 5 7 3 4
5 8 2 4 1 3 8 0 7 5 7 0 5 7 1
8 4 6 2 3 7 6 8 3 4 7 8 6 4 0
1 9 2 4 7 1 2 1 3 4 0 0 3 8 2
1 2 9 4 1 2 5 5 8 9 0 3 8 4 1
4 6 4 3 4 2 5 4 8 4 5 2 3 9 1
3 6 5 9 0 6 4 1 0 6 1 1 4 1 1

029843	114888368	6073437484
30884	803581143	8608796038
877834	2025674033	80337432743
7083142	5748757089	

FIND THE NUMBERS

```
4  4  1  6  2  4  0  8  1  2  3  5  3  0  1
7  2  8  5  8  6  0  1  0  5  8  3  7  5  9
3  7  2  1  0  1  4  2  3  7  5  1  3  3  1
1  3  4  3  2  0  5  4  4  0  3  6  2  4  1
7  4  7  9  7  8  6  1  7  7  2  4  3  2  2
9  4  9  0  4  4  1  7  5  4  5  0  0  8  0
2  9  9  1  2  2  8  9  0  1  8  7  6  9  0
8  0  5  1  1  6  4  2  8  7  2  8  1  4  7
9  6  8  3  4  8  9  7  0  2  9  8  4  3  9
7  0  4  0  6  7  4  7  0  4  9  0  0  3  2
2  9  8  5  0  3  8  5  4  1  1  2  0  0  2
1  3  4  8  6  1  7  3  4  1  5  3  9  4  4
1  1  5  9  8  8  9  3  4  8  2  8  9  9  8
9  9  9  2  1  0  2  4  0  8  8  3  3  6  0
0  2  6  8  0  3  3  4  7  6  7  4  0  3  3
```

34097	8741947	03347674033
302064	20800194	34897029843
748204	107424947	
4748843	828439889	

FIND THE NUMBERS

```
5  7  4  9  0  2  6  3  8  1  8  1  6  2  1
3  8  8  7  9  4  7  0  5  0  3  2  4  1  5
6  1  4  7  9  6  0  0  1  3  9  4  1  2  0
7  6  8  9  8  8  4  0  5  8  7  8  7  4  2
0  5  5  4  2  1  4  3  7  8  0  8  4  9  0
8  7  1  8  7  4  4  8  2  2  2  8  5  9  6
4  4  4  3  0  1  4  7  7  8  1  0  4  5  5
2  5  9  7  2  3  0  7  1  5  9  7  5  1  5
4  7  2  5  2  4  8  3  6  1  7  7  2  2  1
3  4  0  8  2  4  0  7  9  4  8  6  0  3  8
3  9  8  2  7  0  4  8  3  8  3  1  8  8  0
0  4  9  6  1  4  0  3  0  2  2  8  0  7  1
3  0  4  7  1  6  3  8  1  8  1  4  7  5  8
0  3  7  4  9  0  8  3  4  2  7  7  7  1  4
2  9  4  0  2  7  4  7  4  2  4  4  3  4  7
```

94808	5745749	643289708
170327	8471039	1783467442
208947	9402747	7867578489
378308	24380947	8424330302
801847	30507497	18183617403
878147	74344247	18183620947
2478785	82203041	
2488807	388285148	

FIND THE NUMBERS

```
0  8  0  1  5  1  3  8  9  8  0  0  4  4  2
4  0  4  1  5  0  8  4  7  4  7  5  9  2  2
7  5  2  4  8  6  0  8  9  4  2  8  9  4  2
1  5  1  9  0  8  8  2  5  6  4  2  4  5  5
7  2  1  1  7  4  0  8  9  4  3  4  5  9  6
4  0  3  4  3  0  8  0  5  2  2  8  4  5  3
2  1  2  5  2  3  0  2  4  1  1  0  1  4  1
3  5  1  0  5  2  0  8  6  4  2  8  8  7  5
8  2  0  8  4  3  4  1  3  6  2  0  3  9  0
1  7  7  0  7  1  9  8  7  1  8  3  6  2  4
8  5  4  2  5  0  2  4  3  0  1  5  2  4  0
1  3  3  3  1  9  2  3  3  4  6  4  8  7  4
1  0  4  3  0  1  1  0  8  2  7  0  4  9  3
4  0  0  4  4  3  3  8  0  2  2  4  8  7  2
4  8  6  7  0  3  3  5  7  0  8  7  8  4  0
```

008983	1011420	547924797
51034	02078114	17423818114
107434	6071033	248608942894
301108	7408943	670335708784
415084	22083344	
578824	50803430	
871836	071836943	

Puzzle #97

FIND THE NUMBERS

0	5	1	6	4	9	4	0	9	3	1	0	7	9	9
3	0	4	1	8	1	3	4	0	3	9	2	1	2	7
9	7	4	2	4	3	9	0	7	8	3	6	2	9	4
9	3	2	9	0	3	3	8	3	7	8	1	4	7	9
0	2	8	2	8	1	4	3	4	7	2	8	8	9	7
9	8	6	4	0	8	5	4	0	7	0	5	8	5	8
7	8	3	0	9	7	4	9	2	2	2	2	3	4	3
4	4	2	6	7	8	7	6	4	4	7	4	0	8	6
8	7	0	7	0	5	3	8	7	8	1	0	8	1	6
7	4	6	3	4	4	8	4	4	4	0	1	9	5	0
8	6	5	1	8	0	3	9	0	0	9	6	0	1	2
3	2	1	0	3	8	2	6	0	3	5	1	0	7	1
8	8	4	1	9	7	4	1	0	1	0	3	4	4	0
3	4	4	3	4	8	8	1	0	5	4	7	3	5	7
6	3	3	0	2	5	4	4	8	0	4	7	5	3	2

207784	43472889	54194764889
288474	97418738	97410103440
584274	97497836	570304389483
649409	701142443	974243907836
827402	745018843	
3702010	06084951024	
08360436	7408445203	
41813403	9748783836	

FIND THE NUMBERS

2 7 3 3 1 4 4 1 5 5 0 3 9 1 0
1 3 3 0 4 2 3 4 1 8 3 4 5 3 5
1 2 4 7 2 9 5 6 0 5 5 2 1 7 8
0 2 9 7 2 0 4 8 9 3 4 4 4 0 6
1 3 0 8 4 3 4 1 7 9 4 1 4 2 4
1 6 0 3 5 9 2 9 2 0 7 2 4 9 4
2 0 6 5 3 2 0 7 4 9 3 4 7 4 4
0 0 0 3 3 4 7 4 4 8 0 7 3 0 5
7 2 2 0 5 4 2 8 9 9 4 0 0 5 8
2 0 7 0 1 4 5 0 2 3 0 2 8 0 2
6 9 2 4 2 1 4 2 3 1 0 6 7 2 2
4 1 7 4 9 9 4 9 3 0 8 6 0 0 0
2 7 9 4 1 8 7 2 5 1 7 5 2 0 2
0 4 7 1 7 6 4 5 1 9 3 6 1 9 7
8 4 2 9 5 5 1 9 4 5 7 7 2 3 3

20202	424149	5870370
40058	906007	20541070
81497	940203	20724849
208203	03024330	6803949947
243044	03940947	

FIND THE NUMBERS

```
4  6  6  4  4  3  3  0  9  0  7  4  3  2  7
6  4  1  1  0  8  2  0  3  4  3  0  1  4  7
7  3  9  9  3  4  2  8  7  7  4  2  1  1  2
0  1  8  2  8  9  0  9  8  2  4  5  5  9  5
3  9  0  2  2  9  5  5  2  5  2  0  7  3  4
8  7  2  5  0  8  0  0  0  1  4  4  2  9  1
0  7  1  7  9  4  8  1  1  7  1  1  4  6  4
3  8  1  9  4  7  1  4  8  5  0  7  9  6  7
9  1  9  2  3  4  6  1  3  1  8  3  6  8  9
2  1  2  7  5  8  7  8  8  8  0  1  8  9  4
7  4  3  7  0  7  3  5  1  8  5  9  1  8  4
4  3  6  0  8  5  2  8  0  4  8  5  8  4  4
4  0  5  7  4  7  8  2  1  1  3  5  0  4  3
5  4  2  8  9  0  5  2  8  8  4  5  0  7  3
8  8  4  3  1  0  5  4  4  9  5  1  9  1  0
```

278754	40574782	882509824
0280114	42890982	3418679501
1402836	50703884	9018109843
03820943	97781143	9445013488
7038039	247782439	64433090743
7410343	414794443	
11888501	501581143	
27447501	705583488	

FIND THE NUMBERS

```
8  3  2  6  7  8  1  4  9  0  8  3  2  3  3
0  5  0  6  8  5  0  0  5  8  3  2  3  5  4
1  1  8  1  4  2  3  6  8  1  5  1  0  3  7
6  4  4  5  7  5  1  8  3  3  0  6  2  0  5
3  1  4  4  5  3  9  5  1  4  4  1  0  0  0
4  7  2  7  1  2  8  9  0  4  5  2  8  2  1
3  2  0  1  1  4  7  6  5  3  1  8  7  8  2
0  3  5  0  3  5  4  0  7  4  9  9  0  4  0
6  3  9  0  3  4  2  5  9  7  4  2  0  7  4
2  8  3  1  3  4  9  5  3  9  7  7  6  9  0
4  5  0  9  8  2  1  5  4  3  7  4  6  0  7
6  0  4  0  6  1  9  4  0  0  8  1  6  2  1
5  4  0  9  0  7  4  8  4  8  2  1  4  9  5
5  0  4  2  4  9  1  3  0  2  6  7  4  1  1
1  3  1  0  8  6  5  2  0  4  2  0  6  4  0
```

02087	1476203	70854360
05943	2011476	244143007
14183	8149083	
081344	28927411	

FIND THE NUMBERS

1	3	5	4	4	9	8	8	4	5	2	4	5	8	9
9	7	5	9	2	4	2	5	1	0	2	4	3	2	4
8	7	0	0	6	7	9	8	3	4	8	8	3	1	0
9	8	1	6	3	4	8	8	8	4	8	8	4	5	1
4	5	4	0	6	2	2	8	2	4	1	0	9	1	4
8	2	9	3	3	8	8	7	4	3	4	8	9	4	0
3	6	3	5	1	0	3	8	4	1	1	6	1	7	8
4	7	0	0	2	0	8	6	8	9	2	5	7	7	4
9	1	0	8	6	2	5	2	3	8	8	4	2	0	2
9	8	4	2	3	4	2	9	5	8	8	3	7	1	1
8	0	7	0	2	0	7	9	8	7	4	2	0	9	1
3	0	0	2	6	3	2	7	9	0	2	1	7	1	1
4	3	6	0	3	4	2	4	0	0	4	0	8	0	9
8	2	7	7	3	3	2	3	6	3	9	1	1	6	3
8	0	5	9	4	5	4	2	3	4	1	4	8	3	8

14836	542548894	70067983488
103894	838414324	140895013488
2432489	3072888882	
17066836	3887434894	
46420380	5488488843	
077460324	8349983488	
94014084	242251024324	

FIND THE NUMBERS

0	0	8	7	2	9	0	2	6	2	2	7	5	0	9
2	4	6	0	1	1	1	1	0	3	3	4	7	3	3
0	9	1	0	4	8	8	4	9	7	7	0	0	8	4
4	4	8	3	6	7	6	0	7	4	6	7	1	0	0
2	0	7	0	2	6	2	3	8	2	3	9	1	5	7
3	8	0	4	6	1	3	3	0	3	5	8	3	7	7
4	4	7	2	3	0	0	8	0	1	8	1	4	7	9
4	6	4	3	0	0	7	7	4	5	8	4	5	0	3
9	1	9	7	8	9	1	5	4	1	5	2	1	6	2
2	1	7	3	0	3	2	1	4	9	8	5	7	2	2
8	2	7	0	8	3	3	4	4	8	4	4	7	6	5
7	2	0	2	4	9	8	4	7	2	4	7	2	0	5
0	4	7	2	0	7	9	3	5	5	3	4	8	1	5
5	4	6	5	5	3	4	4	1	5	8	3	5	9	3
5	2	5	8	4	8	7	4	9	7	0	1	6	1	3

10368	0749770	50327408
14838	0833448	380577062
18147	851443	4484570608
74079	05543383	60111103347
110347	07947848	
742902	8942027	
0749478	9702740	

FIND THE NUMBERS

```
5  5  8  2  5  1  7  6  6  7  0  1  4  5  7
9  4  0  3  1  5  2  8  5  4  1  1  1  3  8
3  4  0  1  8  4  1  1  0  6  0  8  9  0  7
5  4  0  6  5  4  4  3  9  1  3  0  0  2  7
6  6  5  3  0  1  1  3  7  5  1  0  5  1  8
3  4  9  2  3  0  1  9  9  0  2  8  3  2  0
0  2  2  8  6  9  4  6  7  0  5  5  7  0  7
1  9  8  4  4  6  2  1  7  0  3  4  6  4  1
5  2  6  1  1  3  3  6  1  3  9  1  4  2  6
0  2  5  0  8  4  8  4  3  0  5  0  1  1  7
5  1  5  5  3  5  5  7  4  1  9  0  4  9  5
5  1  4  4  2  2  9  7  7  7  3  7  2  8  4
3  4  7  0  3  6  0  9  0  3  2  4  5  7  3
9  4  4  1  8  3  3  9  6  3  6  0  9  8  4
0  4  7  2  7  9  7  4  6  8  9  1  5  3  0
```

80410	1445073	470360903
98647	41457039	8409079148
778348	50364183	
1060890	64781108	

FIND THE NUMBERS

0	9	6	8	3	5	1	4	5	9	0	9	7	2	2
9	1	3	5	4	7	0	4	1	0	3	3	3	5	0
0	4	4	0	4	4	0	4	0	4	7	2	1	0	1
7	1	0	3	4	1	0	1	1	2	7	0	5	2	0
3	8	0	2	0	7	2	2	4	7	7	5	2	3	2
5	0	9	3	4	4	8	7	8	1	4	6	0	0	0
8	3	9	7	3	4	6	8	8	8	0	1	8	8	4
0	0	5	8	0	4	7	3	4	2	4	4	4	7	8
4	2	5	1	6	4	0	5	8	2	4	7	1	1	4
8	9	7	4	4	9	2	2	9	7	2	4	5	7	2
9	5	2	0	7	9	8	3	4	8	1	0	5	3	2
4	0	2	1	1	4	9	8	3	8	8	7	9	0	4
5	0	7	0	8	3	6	1	4	9	0	9	5	8	7
3	0	4	7	4	2	8	1	7	4	8	0	9	5	5
8	3	9	4	7	8	4	2	9	8	4	3	2	5	6

014304	5744204	2141471405
24079	7867204	4357488204
37814	9411204	5070836149
178364	20084204	84718247403
287214	41475088	839478429843
897449	43897025	
1803029	90735804	
2010204	140141073	
5070204	0224887403	

FIND THE NUMBERS

8	7	4	5	4	7	0	6	3	4	9	8	8	1	0
4	4	2	9	5	1	3	3	5	4	0	8	7	9	8
1	9	8	1	5	7	4	8	0	5	4	7	1	5	6
8	2	0	2	6	9	0	3	4	9	7	7	4	2	3
2	1	6	9	0	3	4	4	8	3	9	3	2	7	8
0	0	8	8	8	2	8	8	9	3	4	5	2	8	6
9	4	3	8	4	9	8	9	3	8	6	1	2	2	5
9	7	8	4	0	3	8	1	5	4	0	5	1	2	8
4	7	5	4	7	6	4	4	4	8	2	6	9	0	3
7	4	5	0	6	4	5	1	3	3	1	3	8	6	2
4	1	3	1	6	3	5	4	7	8	1	0	8	3	1
3	4	2	1	1	0	0	7	8	4	1	8	2	6	8
6	2	8	2	3	7	2	9	4	1	0	4	0	5	3
4	2	8	5	8	7	2	0	8	1	6	0	2	8	4
8	0	4	4	9	7	6	8	7	6	4	5	8	4	6

14348	903648	83860894
174008	977423	348989094
188943	1859836	786794408
201143	4143836	802785824
745064	7457414	820994743
745084	8321834	3418202848
897804	8324384	

FIND THE NUMBERS

4	5	5	9	1	5	7	8	3	2	8	5	1	4	8
6	8	3	0	7	7	0	6	7	4	4	2	4	3	9
2	4	3	8	7	4	3	4	1	0	9	4	3	7	0
2	2	2	4	5	2	5	8	7	4	3	2	8	8	5
2	7	0	0	3	8	7	4	7	2	5	6	7	1	5
0	4	3	5	0	9	4	0	7	4	7	0	3	6	4
3	1	6	1	6	1	4	1	8	1	8	0	1	4	4
8	4	2	0	2	3	0	7	4	4	0	3	5	9	6
1	6	5	9	8	6	3	8	3	7	0	4	0	8	1
4	8	8	4	6	2	4	3	9	0	8	8	3	9	3
7	8	8	2	7	4	5	1	4	6	1	9	6	6	4
8	9	4	0	3	0	8	0	5	4	8	0	3	3	6
8	5	7	8	1	0	9	4	7	6	1	2	8	4	2
9	0	1	5	7	4	9	4	6	7	0	5	7	4	7
4	0	4	4	3	8	4	8	7	0	3	4	2	8	2

27405	903847	50727084
70583	5781094	067442439
74514	8462439	82430784
84714	24147064	0381478894
89055	40738368	578328514
341094	43947301	574946705747
470364	43987414	584274146889
745479	45470947	

FIND THE NUMBERS

```
6  1  1  5  2  3  4  4  2  0  8  6  2  8  5
3  8  2  8  3  2  7  2  2  3  5  3  0  1  3
3  5  7  7  7  7  8  0  8  2  8  8  8  3  1
6  0  8  0  4  9  4  4  4  2  7  1  8  0  0
5  7  3  1  5  6  6  9  5  5  5  4  0  7  8
3  3  7  3  5  5  3  4  1  5  7  8  3  0  1
9  8  1  1  0  7  4  0  7  9  7  5  1  9  3
4  6  9  5  3  5  2  9  1  8  1  0  2  2  5
3  4  4  1  8  9  3  5  5  6  1  2  8  2  4
9  0  5  6  5  4  3  3  1  4  7  1  7  7  2
6  6  8  4  4  0  3  4  2  7  3  1  0  8  9
3  8  7  4  1  0  6  0  7  9  1  8  7  4  2
3  0  2  1  7  3  0  3  4  6  8  8  0  5  3
9  5  5  6  0  2  4  3  5  6  9  6  3  4  6
6  6  2  3  2  7  8  9  8  0  7  1  0  2  2
```

50330	103647	701189
54170	185073	3415783
83004	201708	6478110
87070	243044	6870554
98647	244494	

FIND THE NUMBERS

```
1  4  2  4  7  0  5  9  4  3  5  1  0  4  1
7  1  1  0  0  4  7  0  7  7  8  4  9  2  0
4  9  9  1  7  0  5  3  5  1  7  2  4  3  1
2  0  3  5  3  1  1  0  0  7  0  2  6  4  3
4  0  7  8  6  1  4  3  7  4  3  1  8  4  7
1  8  6  2  4  4  3  8  4  0  7  0  0  7  4
7  3  7  8  9  5  1  7  8  8  3  8  0  1  1
4  3  7  0  1  6  4  6  3  6  3  0  1  0  4
2  2  9  8  0  4  4  9  8  2  0  4  2  1  8
3  4  2  0  3  3  0  9  4  1  5  8  1  1  3
1  5  0  7  0  4  3  9  7  4  0  4  2  4  7
4  4  2  8  3  4  0  3  9  4  4  5  0  4  4
1  4  7  3  4  7  7  4  0  9  4  2  9  5  2
4  6  7  4  0  5  8  8  9  4  2  6  5  0  0
2  3  5  5  5  0  1  1  8  6  3  8  0  6  1
```

186146	0836811055
0330243	1424705943
3047811	1438431004
5070302	3447101144
18624438	7414837420
028944089	8340394450
74241742	10047077849
507043974	14734774094
674058894	24449454839

FIND THE NUMBERS

4	3	5	0	3	8	6	1	6	3	3	3	6	4	0
2	4	2	5	1	4	2	4	3	9	0	7	4	3	2
9	4	5	4	2	5	9	3	0	0	6	6	8	5	3
6	3	2	8	4	5	6	9	5	0	5	5	2	5	3
4	5	4	5	7	8	5	9	8	3	3	2	5	5	5
6	7	2	2	0	8	4	2	4	2	5	1	4	9	4
2	2	6	2	9	8	3	0	8	0	2	0	7	3	0
4	4	0	4	1	8	8	4	7	6	5	4	3	5	1
9	1	8	1	3	9	2	8	8	8	7	0	2	3	6
8	4	3	1	3	0	7	2	4	3	5	7	4	5	9
5	3	2	1	2	4	2	2	4	3	0	1	8	9	4
8	7	3	9	8	8	2	9	5	2	0	5	4	4	3
0	2	0	0	6	0	4	2	5	2	4	9	2	9	3
3	4	8	8	8	0	5	2	4	2	0	4	4	4	6
3	3	4	8	3	0	5	2	4	2	6	5	3	5	2

24251494   2422892439   2425088843094

242243102   2425088843   2425142439074

242289943   24224301894

242503843   2425038438785

FIND THE NUMBERS

```
0  5  5  1  4  8  9  7  0  2  1  4  7  7  4
2  4  2  4  3  0  9  4  7  0  3  6  4  8  1
1  8  4  1  0  0  1  4  2  0  3  4  5  4  1
1  4  8  6  8  2  3  5  2  5  2  4  2  8  0
2  6  7  1  8  3  0  8  2  8  8  7  6  4  2
1  0  4  2  3  5  8  4  5  2  7  9  5  5  1
7  1  8  2  0  3  9  0  1  4  0  5  4  5  6
4  7  0  2  8  4  8  8  0  3  0  3  0  1  5
3  8  3  4  0  4  5  4  4  3  2  6  5  7  0
2  8  3  0  1  1  5  0  4  8  3  9  8  3  5
9  8  0  7  5  4  5  0  7  6  7  0  1  9  0
0  2  1  1  1  0  7  1  7  1  3  7  9  4  4
6  3  6  5  5  4  0  7  8  6  3  0  4  8  0
0  0  2  6  0  0  9  8  4  5  5  7  2  7  6
5  8  5  8  3  4  0  5  5  1  4  8  3  1  2
```

08288	505040	110414774
14243	670548	2039014054
51028	1030308	5834055148
54027	2036448	6705457089
54078	2424309	8970214774
055148	4703648	
0142034	05782498	
00260098	27477848	

FIND THE NUMBERS

7	4	0	1	9	7	4	0	2	2	3	9	2	3	7
8	1	9	9	3	4	0	6	4	1	4	2	4	6	0
1	0	4	8	5	8	7	1	1	9	8	8	2	4	3
1	0	4	3	8	0	2	4	3	4	4	3	5	1	8
3	4	5	1	2	8	3	8	1	1	7	3	4	9	0
6	4	1	4	0	7	0	6	2	8	1	5	2	8	3
7	4	1	8	5	1	0	6	1	0	8	0	4	4	9
0	5	1	0	3	4	0	3	3	1	3	1	7	6	5
2	1	9	4	9	6	7	5	9	4	6	4	4	1	5
8	0	6	4	1	4	2	9	7	8	2	0	3	4	9
4	9	3	8	1	1	3	5	4	2	3	8	6	7	6
0	7	7	3	4	7	8	5	8	3	8	6	3	8	2
8	9	0	1	8	1	0	3	9	3	4	8	8	4	5
5	9	3	4	8	4	7	5	6	1	0	1	3	0	7
7	9	5	4	1	8	1	4	7	0	9	4	3	8	5

141836	7401974	83858743
410943	7454501	90181039
548843	41411836	181470943
941801	41429782	348471836
2833501	41460439	425424743
3430282	50101408	436088894
5748439	61478408	4327039836
7038039	67028408	

FIND THE NUMBERS

```
3 0 3 3 8 6 7 9 2 4 0 7 9 0 4
2 3 4 2 6 0 0 3 9 0 2 1 4 0 5
1 1 2 7 4 6 1 2 1 0 1 0 4 9 3
8 9 3 3 9 4 5 7 0 2 3 3 4 7 0
2 7 0 0 7 7 3 4 4 6 7 4 3 3 2
3 2 4 1 5 4 0 1 6 1 3 2 1 0 3
0 3 5 4 5 2 3 9 8 3 4 0 3 8 5
1 5 1 9 7 4 8 8 8 6 0 6 2 3 3
4 5 9 3 4 2 9 4 7 2 7 4 2 5 1
5 3 0 8 7 9 3 8 7 9 9 9 5 0 8
4 2 9 7 4 0 9 4 0 2 7 0 8 6 2
9 7 4 8 8 2 5 8 4 3 8 6 7 3 4
9 5 0 3 8 4 0 0 2 1 4 6 8 8 6
8 1 7 8 6 3 4 3 1 4 6 3 9 3 1
9 9 0 8 4 8 9 4 1 8 2 0 5 6 0
```

274478	97409402	64134368718
3430894	342947274	97488258438
20264147	3867924079	244318679836
20630258	03867978347	
74332075	5028149848	
89079740	60039021405	

FIND THE NUMBERS

```
3 7 8 9 9 8 3 6 4 7 4 2 1 8 6
4 4 4 8 1 7 4 1 6 0 7 1 0 9 7
3 9 1 6 2 6 4 8 8 4 7 1 7 5 0
9 4 3 8 2 9 3 8 3 8 4 0 8 1 3
6 2 8 4 1 0 7 2 1 4 2 0 2 8 3
2 2 5 3 4 8 8 8 4 0 2 0 4 1 5
4 8 8 3 4 1 1 4 1 9 1 2 7 5 4
8 1 2 1 4 6 7 0 5 1 8 0 4 2 7
9 1 0 7 9 2 4 0 0 6 8 4 2 1 0
7 8 7 5 2 4 0 1 7 4 4 1 2 9 8
4 8 5 6 1 0 3 6 3 4 3 2 4 0 3
5 9 4 8 1 1 4 1 2 4 1 0 3 7 9
4 4 9 9 3 4 7 1 4 7 4 6 0 3 4
5 3 4 4 3 1 0 1 1 4 4 2 8 9 4
4 3 3 2 0 4 4 0 0 1 0 2 4 7 0
```

14027	1036343	281188943
28349	10782474	781181474
50764	14214118	789983647
70614	18820720	902489423
142243	20101847	1011442894
281943	20754943	3418181004
707144	24897454	6703354708
741743	74201004	

Puzzle #114

FIND THE NUMBERS

```
6  8  6  3  8  7  4  3  8  3  7  5  1  0  7
6  7  0  3  9  0  4  1  4  8  0  4  7  3  0
6  3  5  3  2  9  2  2  0  8  9  4  3  2  3
0  3  4  8  0  8  0  5  1  8  3  9  7  8  1
1  1  1  5  4  7  3  4  0  9  2  0  7  1  4
0  9  3  4  5  1  7  3  4  0  9  1  8  4  2
3  7  8  6  1  8  1  8  4  1  7  4  2  4  0
8  4  8  4  9  1  1  0  4  9  3  5  4  4  8
9  2  9  1  8  6  0  2  9  7  0  5  7  2  0
8  0  4  5  4  3  5  7  5  3  5  1  3  1  6
7  1  8  8  8  4  8  4  3  7  2  5  6  4  5
7  8  9  1  8  1  0  9  5  6  9  1  7  7  5
0  3  4  7  0  8  2  8  3  4  8  1  0  8  5
5  6  7  5  8  8  4  8  4  0  1  4  8  8  3
8  8  0  1  0  9  8  2  3  1  8  0  8  5  7
```

01148	01843828	89877058
58848	2185543	247367088
94338	2185943	383478368
144084	02749882	388948947
208943	4421478	574877030
247148	5183978	703142080
409184	039838489	740841409
890108	40920714	
1411073	74201836	

FIND THE NUMBERS

0 7 9 0 7 5 1 8 1 9 1 6 9 5 4
0 5 5 5 4 3 0 2 4 6 9 9 5 2 0
3 3 0 7 5 2 4 3 0 3 1 5 8 5 5
3 2 3 0 1 0 7 2 9 4 7 5 5 4 3
0 0 0 3 0 8 9 0 7 3 0 1 5 4 3
9 1 1 0 3 5 7 0 8 0 3 9 1 1 3
2 5 0 0 2 7 4 3 6 5 6 1 2 6 8
9 7 2 0 7 5 0 1 4 8 3 0 1 6 1
2 0 5 1 0 3 6 0 4 0 6 2 1 2 9
7 9 7 2 1 0 3 8 1 4 9 9 7 9 4
1 9 4 0 4 2 0 8 3 8 9 1 8 4 5
3 7 3 4 3 0 3 0 1 8 0 7 2 3 0
8 0 5 0 6 2 1 7 1 8 0 0 4 0 0
8 4 6 9 0 1 2 7 2 3 0 4 0 0 3
2 0 7 0 3 6 2 2 4 8 0 4 1 1 7

1035708	570997040	10384105702
1036040	1032701436	
50027436	1037098030	
270810303	5749270103	

FIND THE NUMBERS

```
7  9  8  4  0  6  4  0  0  1  3  5  3  0  6
7  7  2  6  8  1  9  3  4  5  2  4  7  4  6
5  2  0  1  5  8  4  0  6  5  6  6  4  1  9
1  0  7  6  0  5  1  8  3  0  9  5  0  5  4
2  1  2  4  4  5  5  4  2  9  3  0  2  8  5
9  2  7  7  7  2  5  8  5  9  5  5  4  6  6
2  3  8  1  0  1  0  6  7  0  3  4  0  6  7
5  9  5  0  3  4  0  7  2  5  1  8  8  2  8
7  5  0  4  7  2  0  1  7  8  0  0  4  2  7
1  4  4  7  6  4  8  0  4  4  2  2  5  9  2
0  5  3  8  8  4  9  3  7  0  0  3  0  3  6
9  9  3  9  8  3  7  4  9  2  3  2  1  5  8
5  8  0  4  2  7  0  7  8  9  0  5  7  1  1
0  4  1  9  1  8  2  6  5  2  4  5  0  0  0
5  7  3  5  3  4  2  1  5  9  1  5  4  8  6
```

04101	207278	7402408
04590	274710	270400720
24554	0427078	10106703406
50987	907830	
50990	5010541	

FIND THE NUMBERS

```
2  4  7  2  8  8  4  9  7  4  0  9  8  7  0
7  8  7  4  2  7  4  2  9  0  0  6  6  0  7
8  2  7  8  4  3  0  5  0  7  0  9  9  8  9
9  9  7  9  7  9  5  2  7  9  1  5  0  9  0
0  2  4  3  4  8  4  2  0  0  1  8  5  8  7
0  3  1  7  2  3  4  8  5  2  7  2  5  1  8
3  3  5  5  2  8  2  1  7  3  4  1  0  4  0
0  8  8  3  4  0  0  7  4  8  2  8  0  7  8
2  3  8  0  1  2  6  7  6  0  1  2  7  8  2
7  2  7  3  2  3  0  0  0  4  2  4  8  0  2
8  1  6  4  4  2  3  1  0  0  3  8  7  8  8
3  4  7  4  2  3  4  7  2  8  7  8  0  1  8
9  2  2  1  3  8  4  9  9  8  9  8  1  8  5
9  1  4  7  2  5  0  1  7  2  2  3  4  5  3
7  8  3  7  4  2  3  0  9  7  5  0  2  1  7
```

84274	907808	87007082
84342	8022497	97409870
88343	8420207	98147808
824730	8742742	907050348
870142	8782743	8457071082
878147	9003027	878274324743
882742	9055007	
903247	84140280	

FIND THE NUMBERS

2	1	8	7	2	7	4	3	0	2	8	3	4	7	8
1	2	3	2	0	7	4	5	0	1	1	4	7	4	0
5	1	8	2	0	0	3	1	8	8	0	1	1	4	2
9	3	5	3	3	3	9	6	0	4	6	9	1	2	5
4	3	4	3	8	0	9	7	4	2	8	0	4	3	1
2	2	2	2	9	1	7	3	4	5	4	5	2	2	4
0	0	9	0	3	4	5	8	7	5	8	8	4	7	2
7	6	4	8	5	5	1	4	3	1	3	2	0	8	8
8	3	0	8	2	4	7	9	0	8	3	4	3	2	1
4	8	4	1	1	0	2	8	9	8	7	2	3	7	7
0	5	2	8	4	5	5	8	2	0	2	4	0	2	3
8	4	4	7	1	4	3	8	2	7	4	9	4	3	2
1	4	5	5	4	2	9	8	1	4	3	4	8	8	2
4	9	8	8	4	8	7	0	2	4	7	4	3	4	7
9	3	4	2	4	7	0	1	2	1	4	8	4	1	4

00389

24033

184584

2063854

2148414

43028347

082479083

207450114

210742439

2789820114

FIND THE NUMBERS

8	4	2	2	0	3	0	8	3	0	3	0	2	8	4
1	2	4	1	0	4	4	7	6	2	9	7	3	0	5
1	2	3	5	4	0	5	4	1	4	1	6	8	0	3
4	4	0	2	3	7	7	0	7	7	7	9	1	8	4
2	3	4	1	9	2	4	6	8	8	4	2	1	5	7
2	6	0	2	0	4	7	3	9	2	3	8	0	0	2
7	1	3	8	9	3	3	0	8	0	9	2	6	3	4
4	8	8	2	1	8	0	8	8	3	6	6	3	8	6
2	8	6	6	3	0	5	8	7	8	0	8	0	8	8
0	7	8	3	2	3	7	9	1	8	8	4	2	7	0
3	8	9	9	2	7	4	9	4	0	8	0	7	4	3
8	2	6	2	7	8	3	4	8	4	9	3	3	4	4
0	8	2	4	3	8	2	0	3	0	1	8	4	9	0
3	8	3	6	6	1	7	4	2	4	0	0	4	2	8
9	8	6	0	0	9	4	2	0	1	0	3	1	4	8

20103	2438203	8901803
047403	02478203	20303803
67440	2783484	74203803
82888	4361887	0089701803
574327	7088803	347246803
647203	07243803	6009420103
1416803	8243887	
1789887	8503887	

FIND THE NUMBERS

```
6  8  1  6  2  6  5  3  4  2  8  0  1  0  9
8  0  2  8  3  1  3  8  9  4  1  1  4  3  2
7  8  9  8  1  4  1  8  0  5  7  7  7  3  3
2  7  9  8  4  4  8  4  0  9  2  0  5  1  3
3  8  0  4  0  2  3  6  7  6  4  7  5  6  5
7  4  8  1  1  7  9  4  0  7  8  2  1  8  3
9  2  4  7  0  1  5  0  3  8  8  3  2  7  4
4  4  0  0  4  2  0  7  2  2  0  0  9  0  8
1  0  1  1  8  1  4  0  0  4  7  7  6  6  8
1  3  7  5  4  8  5  8  7  9  1  3  3  8  9
4  1  1  3  8  6  7  5  5  9  8  4  4  9  8
7  8  1  3  9  7  0  2  8  0  4  3  1  8  1
4  2  9  8  4  6  9  7  4  2  9  8  7  1  9
3  9  8  7  0  2  8  8  0  4  9  5  8  3  4
4  4  3  4  2  4  0  0  8  9  7  3  5  0  3
```

80878	9058420	928551478
86083	70641027	941147434
978514	86087741	980042434
7824990	90241411	7442788044
8941143	98702880	894110079488
8981943	348608073	
9010824	890757089	

FIND THE NUMBERS

4	9	2	3	7	4	8	1	4	5	9	3	4	2	4
5	9	5	4	5	3	7	1	3	1	4	2	3	8	1
7	6	8	1	1	5	2	6	0	4	7	9	4	4	4
4	0	1	2	1	0	0	7	8	1	8	5	1	2	2
1	0	7	2	0	1	2	1	4	4	2	0	3	3	5
8	3	6	0	4	2	8	1	0	4	1	2	2	0	8
3	3	4	2	7	3	4	8	8	0	4	0	1	0	0
4	3	3	1	8	7	2	7	2	0	8	3	7	1	9
3	1	5	4	1	0	8	4	0	0	3	9	3	1	5
2	7	8	1	2	8	1	8	7	1	7	5	8	0	2
4	0	4	5	2	7	1	2	1	3	0	2	7	3	2
4	4	7	1	5	4	2	7	0	0	4	4	0	4	7
5	2	7	9	4	4	1	8	8	1	7	4	0	2	4
5	3	4	8	4	3	9	0	7	0	4	6	4	2	7
5	0	1	4	0	2	0	7	8	4	3	2	8	9	4

008983	7014867	2078432894
011034	9020843	2439541847
80142	18820720	5741834324
584774	24102108	7077881076
741430	24102180	401074202894
1832413	27444330	
2432473	78272433	
4142580	308718114	

FIND THE NUMBERS

4 6 6 0 6 0 0 7 3 0 9 8 3 0 4
4 6 0 0 5 2 5 8 3 4 0 5 5 1 4
1 2 0 2 5 4 6 4 4 5 4 0 4 9 5
2 1 8 8 9 5 3 3 1 3 1 3 5 5 8
9 1 1 6 0 3 7 4 7 0 4 3 5 1 3
1 4 6 0 6 0 5 7 2 5 7 1 4 5 6
5 5 4 2 2 0 8 8 8 0 9 0 7 1 7
1 3 6 9 5 0 2 2 4 5 1 9 4 1 2
8 4 4 9 0 2 4 9 4 6 0 2 3 5 4
3 3 1 5 4 9 7 1 4 4 2 9 8 6 8
3 7 7 7 2 8 5 3 8 1 7 4 4 7 6
8 9 7 1 1 7 9 0 0 1 7 7 3 3 4
0 6 7 4 4 3 5 4 5 5 4 7 8 5 5
3 9 0 8 2 0 5 4 9 6 5 8 1 0 0
9 5 6 0 6 2 9 2 6 2 7 7 0 9 2

10243	208774428	674435455478
438438	545547438	
8008064	583405514	
94209448	11020418148	

FIND THE NUMBERS

0	7	1	4	1	8	7	0	8	4	8	4	3	7	7
1	3	4	2	8	4	8	9	8	3	8	1	7	4	2
5	8	4	7	0	8	7	0	1	0	2	7	8	8	7
5	0	1	2	4	3	8	9	3	4	8	9	0	5	3
4	0	8	1	8	4	3	4	3	4	1	3	9	2	8
1	9	9	5	8	0	0	8	2	2	4	5	6	2	0
1	1	4	7	7	4	8	2	3	4	2	8	1	2	1
0	0	1	9	4	0	0	9	4	8	2	2	0	3	4
6	2	1	2	3	6	7	6	3	7	0	6	2	8	9
7	2	3	1	3	7	4	1	0	4	2	8	7	2	4
0	2	7	2	6	5	1	3	8	4	2	8	8	1	8
2	0	9	0	9	8	4	3	8	1	1	1	0	8	4
0	6	3	1	5	8	7	4	3	7	4	8	8	3	6
8	8	8	9	8	9	9	4	1	6	8	5	4	0	9
9	7	2	2	0	7	0	5	8	2	1	0	5	1	5

0342808	181707580	458614998988
1406048	209098438	
2010780	388473478	
2424888	509746438	
08124398	744024728	
38014948	5012850702	
50984398	07141870848	
54110670	20338380888	
0094822034	24718389848	

FIND THE NUMBERS

```
3  1  6  0  4  2  5  0  7  0  1  4  8  8  8
2  5  5  8  5  8  1  3  9  2  5  3  3  2  3
7  2  1  5  0  1  0  0  4  7  7  7  0  8  3
0  1  1  7  4  9  8  5  2  0  7  2  0  8  5
5  5  0  4  1  3  0  9  8  2  3  2  8  5  8
6  9  2  3  2  8  0  0  9  8  4  7  4  1  5
3  4  1  8  7  8  0  2  3  7  4  8  0  0  7
7  2  5  0  8  5  8  2  1  3  3  5  0  0  3
1  5  0  9  3  5  8  8  4  3  8  5  5  8  3
7  4  3  8  0  4  4  1  8  5  4  2  6  3  3
5  9  9  4  0  1  2  3  7  9  5  8  4  6  7
0  1  5  3  2  8  3  8  3  5  3  4  8  7  6
1  0  7  3  8  3  6  5  0  8  3  8  7  0  6
3  2  4  3  1  0  1  8  8  4  3  8  9  8  7
2  1  0  6  4  3  4  7  4  0  3  0  2  7  4
```

034280	74030274	51008367087
270258	90033824	085743809843
300840	385583488	107383650838
30213488	507014888	
34187802	2102248083	
38077740	24310188438	

FIND THE NUMBERS

6	5	0	0	0	0	3	3	2	0	0	6	6	6	1
8	5	7	3	2	4	2	3	7	1	5	5	7	5	5
1	9	1	4	4	9	6	8	8	4	5	4	6	4	1
1	0	4	1	5	8	4	4	3	9	9	9	8	0	7
4	0	0	3	1	8	9	0	5	0	7	7	4	2	8
0	3	2	2	7	9	1	0	0	9	6	7	1	6	4
8	2	8	0	2	0	3	4	8	5	4	7	2	0	7
7	1	2	1	3	9	7	8	0	2	0	1	4	2	4
2	4	3	2	2	8	8	4	4	0	4	3	4	4	6
5	0	9	5	6	4	7	1	0	5	1	8	1	6	1
5	5	3	4	8	6	4	9	3	2	2	5	8	0	4
1	2	5	2	1	8	3	9	4	1	5	0	1	0	5
9	9	6	1	3	3	0	3	7	9	5	8	9	5	7
1	7	9	3	5	4	6	9	9	0	4	0	0	0	8
7	7	9	5	3	0	4	2	1	2	3	1	8	2	3

51004	8743064	4645941464
183941	10203879	08842809843
4760382	203485472	78474614578
5745814	3090254839	

FIND THE NUMBERS

1	4	7	0	0	1	4	0	1	4	0	7	7	4	2
4	9	9	4	1	1	7	4	7	1	0	1	8	8	9
2	8	4	2	8	8	4	9	7	4	2	6	0	2	2
4	3	9	4	8	4	0	1	2	7	2	7	0	5	4
3	2	1	3	1	1	2	5	0	0	9	0	3	8	4
1	9	4	8	8	8	0	0	8	6	5	5	9	3	3
0	0	8	2	8	2	7	2	7	4	4	8	9	8	8
1	7	7	8	9	0	7	0	8	4	2	2	1	0	2
2	4	2	3	7	5	1	0	5	3	1	8	4	0	6
3	4	3	0	6	4	7	4	2	9	0	6	5	7	2
3	3	0	1	4	4	7	5	2	4	2	9	6	8	9
8	5	2	2	0	7	4	9	7	0	2	1	4	1	4
5	4	6	3	8	3	4	8	0	4	8	8	5	1	8
0	3	4	1	7	4	1	5	4	3	3	4	1	3	9
9	9	5	2	3	2	6	5	1	0	3	9	4	4	1

10881	1471430	104100741
24438	2062479	142431012
51039	2425744	243828301
97424	4746034	270242814
141064	5078144	747101889
147064	07420982	840843836
407742	20794702	1490382018
543341	74842074	
858248	98329074	

FIND THE NUMBERS

1	3	4	9	5	5	2	7	0	5	0	3	4	1	0
3	1	0	3	0	6	4	0	5	0	9	8	2	1	1
9	8	1	3	6	1	9	9	3	5	9	9	9	7	1
3	1	4	3	8	6	3	8	5	1	8	4	2	0	1
0	2	7	9	5	1	7	2	4	7	8	4	2	7	3
4	7	3	8	8	2	8	1	6	3	2	7	4	4	3
1	8	4	4	2	4	0	0	6	9	4	8	6	3	2
8	4	1	3	3	7	1	2	6	5	3	7	8	5	5
3	1	3	0	4	0	3	6	8	3	8	2	0	1	2
4	0	8	8	0	9	9	5	2	3	0	2	3	4	0
8	4	2	4	7	7	4	4	0	0	3	7	2	1	0
1	0	2	3	9	7	4	7	2	1	4	0	9	8	2
7	4	6	4	3	1	0	4	9	3	2	9	8	2	0
1	0	0	9	9	9	4	1	2	3	7	2	0	3	9
4	0	8	7	9	1	3	2	0	5	4	3	3	0	6

10248	01077834	4397494347
242490	8033820	970360818303
247744	244700184	
249034	2438034274	

FIND THE NUMBERS

2	8	2	3	0	2	7	8	7	0	3	3	6	2	3
2	0	4	2	3	0	2	7	4	1	4	3	5	2	0
0	4	4	1	3	4	4	5	6	4	3	1	1	0	1
0	8	7	4	9	3	8	4	5	3	5	9	8	5	8
6	8	7	6	8	5	4	3	9	4	7	7	8	4	7
7	9	5	4	8	1	1	4	2	7	4	3	7	4	1
4	1	4	3	3	3	0	4	7	9	4	8	8	0	1
4	0	5	6	7	0	3	7	4	0	3	3	6	4	8
7	1	3	8	8	4	1	6	0	4	1	6	2	6	0
4	7	3	5	1	0	8	4	3	9	8	4	9	2	2
0	0	4	0	7	1	2	7	4	2	2	7	4	2	6
3	3	1	3	4	8	2	7	8	7	0	0	7	0	0
3	4	4	8	2	3	0	8	9	0	2	1	0	3	7
6	7	0	4	4	3	0	3	9	0	4	7	6	7	9
4	1	1	1	4	4	3	7	4	0	3	3	0	0	2

14347	27422742	05670374033
24768	34147203	10884974033
140614	278700700	147347241184
544314	301209803	
1011346	302787033	
1084398	674093034	
5483947	674474033	
08743014	1144374033	
10170347	5439477847	

FIND THE NUMBERS

4	0	2	4	7	9	0	8	3	9	4	1	3	4	6
9	6	3	4	8	8	8	0	5	2	4	2	5	5	3
1	6	0	6	6	7	0	1	0	9	8	4	3	2	8
0	2	4	3	5	8	3	4	3	2	4	1	0	4	4
5	5	5	4	2	1	2	4	3	4	7	4	1	3	2
4	8	5	3	2	3	8	8	1	8	0	4	7	9	0
3	7	2	4	4	3	7	2	4	0	7	0	6	4	7
0	9	8	3	2	8	0	3	6	0	8	8	7	3	8
3	3	5	8	4	9	9	9	4	8	4	0	4	9	4
4	3	3	4	4	0	8	2	5	9	0	8	3	2	8
1	8	5	8	5	3	4	4	0	4	0	3	1	4	8
8	8	5	7	4	6	3	0	3	7	2	4	1	3	9
6	2	2	0	0	9	8	4	3	9	9	2	5	9	4
7	0	1	7	5	7	4	3	1	3	3	9	0	4	7
9	4	4	3	4	8	8	0	5	3	4	2	0	2	3

03647	3418679	2425088843
0338494	3881804	2435834324
345409	055429843	06670109843
348874	207848894	24394392439
0360887	0224590324	
388204	243508843	
1474342	247908394	
2009843	0328709843	
2407064	0997029843	

FIND THE NUMBERS

```
8  5  8  4  2  0  6  2  8  5  2  4  1  4  8
0  6  4  0  8  6  7  2  9  6  7  7  1  4  8
4  2  5  5  8  6  0  0  1  4  2  7  5  5  0
9  4  4  6  4  7  4  4  1  4  9  9  0  5  9
6  8  3  1  3  1  6  1  4  5  9  9  6  2  2
6  5  5  7  3  8  4  1  4  0  8  9  4  1  2
5  9  2  7  0  8  3  2  6  2  0  7  0  7  9
8  0  8  9  2  4  3  3  8  9  8  4  3  8  5
7  7  4  9  2  3  9  0  4  4  2  2  9  0  4
4  2  8  6  1  9  9  5  5  1  1  3  7  9  5
2  8  0  6  6  3  1  3  0  8  8  2  4  1  4
8  6  3  8  5  0  3  0  8  5  1  4  8  0  7
7  0  1  3  2  7  0  4  7  1  3  0  8  2  2
4  3  5  4  9  6  3  4  3  2  7  4  3  8  8
4  5  1  5  9  3  6  2  4  5  7  8  2  4  2
```

574994	81433836	828214824
8241468	87428744	2433898438
9407344	506403974	414258260248
24138305	590728603	

FIND THE NUMBERS

4 4 4 4 2 3 8 8 5 0 7 8 9 4 3
3 0 6 9 4 4 8 9 4 1 8 7 6 7 9
8 2 7 0 6 3 9 8 5 6 0 3 4 5 4
8 6 2 4 7 3 8 0 2 2 4 2 5 7 7
5 3 8 3 3 0 8 8 7 8 5 4 7 2 3
0 0 8 4 8 7 5 8 3 0 8 0 2 7 8
7 6 2 8 8 8 4 8 8 2 5 8 6 9 8
8 5 1 2 4 8 4 8 8 8 2 8 8 8 4
9 3 7 3 1 2 8 7 8 3 2 6 8 1 1
8 4 5 4 4 8 3 2 3 3 7 8 0 3 4
4 7 2 3 4 2 1 4 8 4 2 0 8 8 4
8 3 2 2 6 3 6 3 3 8 7 3 4 3 4
3 4 9 3 4 8 7 4 8 8 3 8 4 3 3
4 1 9 3 2 4 8 8 3 2 4 5 8 0 2
9 2 0 9 6 3 8 6 0 7 0 5 8 8 3

388344	388414443	3882888836
388423	388473478	38847843943
3884144	388507064	38850706836
38842343	388507094	38850789848
38847347	388507894	
3882888848	3882888814	

FIND THE NUMBERS

7	6	6	6	0	9	4	5	8	4	9	0	6	6	6
2	7	9	5	2	2	4	5	3	3	0	4	3	2	1
4	7	3	2	3	2	0	0	4	3	5	5	4	9	1
0	2	2	4	7	3	3	3	0	5	3	9	3	0	3
6	4	9	1	4	4	5	0	7	3	5	7	2	3	0
5	4	3	9	1	7	3	2	3	3	7	2	3	8	3
4	8	3	7	6	2	0	3	0	9	4	4	5	0	6
3	6	7	2	9	7	6	4	4	3	1	3	6	9	8
0	3	3	0	5	3	4	7	1	2	5	2	7	8	0
0	3	9	0	9	7	0	4	5	7	0	9	5	6	9
2	3	5	1	4	4	9	7	2	2	0	5	4	5	5
7	1	5	7	3	8	4	3	5	4	4	1	0	7	2
0	8	2	5	7	2	5	7	0	4	1	4	4	3	5
8	6	0	2	4	0	2	1	2	6	1	5	5	5	3
4	5	9	5	4	5	4	7	6	6	1	4	4	6	9

27014	1445073	67442415
50330	2030944	541071407
98647	2744907	
243347	41457039	

FIND THE NUMBERS

```
8  8  7  4  3  3  8  8  5  7  5  7  0  8  9
3  5  7  5  7  6  1  2  9  1  2  0  9  4  7
5  4  3  4  8  8  1  7  7  8  5  7  9  8  8
3  5  8  9  5  5  0  7  2  1  4  8  5  9  6
3  3  1  9  7  5  5  2  8  1  2  2  8  7  7
4  4  5  2  0  6  4  7  7  4  7  8  0  4  9
3  5  9  9  2  6  8  2  4  8  1  4  0  0  4
0  4  4  3  0  4  4  1  8  8  1  8  5  2  4
7  1  8  6  0  3  0  7  4  4  5  1  7  8  0
7  3  8  0  3  1  6  3  6  3  9  4  5  3  8
7  8  8  7  4  5  5  2  8  3  2  4  7  3  3
4  4  9  6  7  8  4  0  4  4  4  5  5  0  0
4  3  5  6  7  4  7  4  5  3  1  2  3  1  5
6  9  2  0  9  9  8  4  9  0  9  8  3  4  2
2  4  2  8  9  7  4  7  5  8  3  7  0  9  1
```

20947	840843	8974028
27055	1148843	82455478
38679	2403841	90362439
57089	3418679	243890948
289747	5103943	786794408
378148	5748547	243674609843
547887	8833478	

FIND THE NUMBERS

```
7  8  0  0  8  4  8  0  4  4  2  5  8  3  5
0  8  4  6  6  7  8  0  0  7  4  7  8  4  0
3  4  0  3  2  7  6  8  8  4  0  1  9  5  8
9  2  9  0  8  4  0  7  4  5  5  1  3  4  9
2  0  9  8  0  8  2  5  9  9  8  0  5  1  9
4  8  1  8  7  1  4  4  4  8  8  4  0  8  1
3  9  7  6  4  2  1  3  4  0  1  2  4  8  4
3  4  1  3  5  2  4  0  3  0  5  7  8  9  5
4  7  8  4  9  8  5  7  1  6  8  4  8  4  1
1  0  4  4  5  4  3  0  7  2  4  4  0  2  0
7  0  2  0  8  8  2  3  3  4  1  8  8  3  4
4  8  3  3  0  0  4  7  7  4  1  4  0  1  1
0  7  3  4  4  9  7  8  7  9  6  7  2  0  1
9  3  8  4  0  0  2  2  0  4  7  2  4  2  8
7  2  7  8  9  8  2  0  1  0  0  8  7  3  0
```

3488348	1104274484	824274022004
50899145	1477427894	
67054054	2089470087	
101100087	6242440848	
110414774	24334174097	
0487470087	24408480087	
697879443	278982010087	

FIND THE NUMBERS

8	3	8	3	1	4	0	8	3	6	4	1	8	1	6
7	8	4	3	2	4	0	9	7	8	4	8	0	3	9
0	4	4	6	4	4	3	4	8	1	4	6	3	1	5
2	4	0	3	5	8	2	9	5	4	7	8	4	3	2
0	7	9	3	8	4	0	3	5	7	2	1	4	2	0
3	7	0	8	8	8	4	4	0	1	5	4	4	1	0
1	6	2	6	3	2	4	7	7	8	3	7	3	0	8
4	1	3	0	1	0	0	1	4	3	5	0	3	6	3
8	2	0	8	4	0	5	1	4	1	4	4	5	7	6
3	7	9	8	8	7	1	4	8	7	6	4	3	0	1
6	3	8	4	5	7	5	0	7	1	0	4	6	1	4
1	7	9	6	0	7	0	4	1	5	5	2	1	4	2
2	9	2	4	3	8	4	2	7	0	9	4	3	8	8
2	8	3	4	3	2	4	2	5	0	3	4	3	8	5
4	6	0	0	6	3	0	1	4	0	7	7	9	3	6

40978	67014883	24384270943
101607	74574027	207414883488
342489	110857424	283432425034
0382018	574503894	831408364181
547843	2008361428	
2078836	6147445643	
10360064	6443740843	
34580324	7020314836	

FIND THE NUMBERS

```
8  6  9  7  9  1  4  1  9  3  4  8  9  0  5
1  2  4  7  2  8  5  0  1  4  1  2  9  6  8
8  0  2  2  0  0  4  3  4  3  1  7  1  5  4
6  9  5  4  0  1  4  9  0  7  1  8  1  4  2
7  4  9  9  1  8  0  2  0  2  1  9  1  3  7
9  2  4  0  3  2  9  7  3  8  0  2  4  8  0
8  0  7  5  5  4  9  8  8  6  1  7  0  4  5
3  5  2  0  0  7  9  6  3  4  0  4  7  1  8
6  3  7  3  5  1  0  8  3  6  3  1  3  4  7
9  0  0  2  8  5  1  8  3  8  2  3  4  4  5
3  0  8  3  3  0  2  4  3  4  1  5  8  5  4
2  0  7  2  3  5  4  9  3  5  5  4  9  2  8
4  3  4  7  2  0  4  9  7  4  1  0  1  2  2
4  0  3  1  3  2  1  8  5  6  2  0  4  0  4
1  4  1  1  5  4  7  8  8  7  8  3  6  5  8
```

10147	1817094	24728501
51403	2004343	54389439
70203	2089836	407348914
107843	2708743	509843914
141836	3420338	547887836
174043	9402743	818679836
501143	9425947	

FIND THE NUMBERS

2	8	0	0	2	2	7	5	0	0	0	7	2	0	5
2	1	4	1	0	0	2	7	4	3	2	0	3	3	6
6	6	0	3	8	3	3	3	3	3	0	8	4	6	7
3	3	2	2	3	6	0	9	5	1	4	7	0	1	4
1	8	0	1	3	0	6	5	4	6	0	5	5	2	0
0	6	2	2	4	8	9	5	8	8	8	8	3	0	9
3	7	1	3	2	5	7	4	7	6	3	0	0	0	1
2	0	4	9	1	0	0	7	4	9	9	8	1	5	9
5	7	2	8	0	0	9	8	0	0	0	3	7	3	5
4	7	5	3	0	4	1	8	8	1	0	7	7	3	0
6	1	3	9	1	4	2	1	1	4	8	6	3	2	0
3	4	4	8	0	0	1	2	0	0	7	5	3	0	5
2	8	5	0	0	7	3	1	3	3	2	6	9	8	1
1	8	8	4	3	5	2	1	9	4	7	3	0	6	1
3	3	4	0	7	9	7	8	0	7	4	9	0	4	1

087274	903543	570021008
90334	1013283	1899470019
648033	008900827	1410027432033
827095	0189022036	

FIND THE NUMBERS

```
4  8  3  4  1  4  2  4  8  3  8  5  7  5  4
9  7  7  0  5  5  0  0  4  8  3  9  5  4  7
4  4  1  5  3  3  8  4  0  0  7  9  4  3  5
3  7  2  8  4  4  0  4  9  7  0  2  4  8  3
9  3  2  2  7  7  3  8  8  1  7  4  3  4  0
2  8  5  2  5  3  0  9  2  8  2  6  4  3  4
8  5  4  1  0  4  1  7  8  7  4  6  7  9  6
6  9  0  9  0  7  5  3  2  9  0  7  1  6  9
0  3  4  3  1  3  6  9  0  9  4  4  4  0  6
4  0  3  8  4  0  7  7  9  5  3  1  8  8  9
8  3  8  4  7  0  3  3  4  4  3  2  0  0  3
3  1  3  8  4  8  0  2  2  4  6  0  2  0  7
6  7  1  8  7  4  5  9  0  7  5  7  7  7  4
6  8  0  8  4  1  4  9  3  0  2  7  4  3  6
7  4  8  8  8  4  7  2  8  4  8  3  7  3  3
```

384077	38420794	34714802747
3473473	38470334	34750014747
3476499	38474884	38400550779
30827048	38480224	38482748884
34398941	347203941	
38400794	3842414384	

Puzzle #139

FIND THE NUMBERS

5 5 2 0 7 0 9 8 3 7 1 0 3 2 0
4 9 1 8 4 7 4 8 5 2 0 2 0 3 0
7 7 5 8 5 0 2 7 4 5 4 3 8 0 2
9 5 9 5 1 0 8 7 9 7 4 2 0 7 1
0 0 4 5 1 4 0 0 2 0 7 3 4 0 0
1 2 2 5 2 0 1 8 7 5 6 8 3 4 0
0 0 7 0 9 4 1 4 7 6 5 6 4 5 9
2 6 8 5 1 2 0 0 5 0 8 0 7 8 2
0 1 4 7 8 1 2 1 1 2 2 4 1 9 8
7 5 4 9 4 1 0 6 0 1 4 0 4 9 4
8 4 4 0 3 1 6 7 2 7 1 6 0 4 3
0 2 4 1 8 5 4 8 0 4 3 6 2 5 4
1 0 4 7 7 3 4 7 4 2 3 9 4 8 2
9 4 1 3 1 2 0 4 2 0 0 6 7 9 8
5 0 8 1 7 4 7 5 0 4 0 6 6 6 4

06014	207011020	030202584748
011020	405747180	50274543802
542040	427414780	547901020780
8434284	702479780	
50020780	1400207340	

FIND THE NUMBERS

```
9  8  6  4  3  7  8  0  7  3  4  2  5  2  0
3  1  4  0  0  8  4  8  9  0  8  4  2  7  9
3  4  5  0  9  4  5  0  4  6  2  3  7  4  4
2  8  7  4  5  0  4  7  5  3  6  8  4  7  8
4  2  4  4  3  8  9  7  4  0  8  9  0  4  5
2  0  4  0  3  3  4  4  3  2  3  7  9  0  7
8  9  5  8  4  1  9  9  4  1  8  8  4  9  0
2  9  4  1  8  9  8  8  8  0  6  2  0  6  8
0  4  0  5  4  8  5  2  6  3  7  9  0  7  3
5  2  7  0  3  0  8  3  4  8  8  4  4  7  8
5  0  8  0  7  5  0  2  4  1  0  3  4  5  3
1  4  0  5  1  4  9  9  8  3  6  1  5  6  6
8  8  5  5  0  8  4  8  7  7  0  2  8  8  2
3  1  4  2  3  2  7  8  5  8  5  7  0  4  8
6  3  4  8  9  0  2  8  5  8  2  2  0  2  3
```

27409	7405478	2703083488
27858	8075024	2882077848
345094	14008489	14051499836
437087	64783488	2022858209843
857048	243897829	
1499148	820551836	
2099420	857083836	
2747409	1428134743	
3443304	02608889814	

FIND THE NUMBERS

```
1  0  4  5  4  7  0  2  8  4  3  6  8  3  1
7  4  8  4  3  4  8  2  0  9  8  9  8  3  8
8  0  3  0  1  3  1  3  3  7  5  3  8  2  5
8  2  7  1  3  0  4  0  4  0  4  1  0  0  8
4  3  8  9  4  4  7  8  3  1  7  5  4  9  9
2  5  1  1  3  8  5  3  2  0  4  4  2  7  3
0  1  4  0  8  4  2  4  4  8  1  7  3  8  1
3  9  6  9  6  9  3  7  2  5  8  8  1  4  8
5  5  3  2  2  7  0  2  4  7  1  4  7  2  8
5  6  0  0  7  4  0  7  6  2  0  9  5  9  1
1  7  3  2  6  9  5  0  4  6  4  2  3  4  0
5  1  8  0  2  4  9  8  5  8  3  2  4  7  0
2  9  2  6  0  6  7  5  0  4  1  0  3  4  8
4  0  8  0  6  5  6  5  0  9  1  3  3  8  5
8  9  6  0  4  6  0  8  9  3  0  8  3  9  4
```

20724	843014	84294748
34147	843470	97810301
54308	0854294	281890748
54370	7024714	454702843
90384	24247284	454882843
94208	57460390	8389890284348
439707	80398064	

FIND THE NUMBERS

```
4  8  8  2  7  4  5  8  1  9  6  2  0  0  2
4  1  3  1  1  3  3  0  7  3  8  4  2  1  6
4  3  9  9  3  1  3  6  1  5  4  7  9  7  3
2  5  5  8  8  5  7  7  2  0  5  3  2  1  4
8  0  7  3  0  0  7  8  7  0  4  8  1  3  1
5  4  6  2  9  2  4  2  8  7  0  1  9  7  8
1  1  6  9  0  3  2  2  4  1  7  7  1  9  1
2  9  2  4  3  3  1  4  3  6  0  3  2  5  1
6  2  7  8  4  1  1  2  3  1  6  3  8  1  6
8  6  8  5  1  1  2  4  7  1  4  2  4  3  1
6  2  0  8  0  1  4  0  7  8  4  6  3  7  0
7  7  3  0  8  8  4  3  4  7  6  2  9  1  6
9  4  4  3  3  4  8  3  6  4  0  1  5  9  9
8  4  2  5  4  3  7  0  4  1  1  4  2  6  9
4  8  8  2  6  3  4  6  3  4  1  1  4  2  1
```

54797	17881034	641324089
843344	20314770	2411436436
03410834	241140734	
6441436	342208914	

FIND THE NUMBERS

```
5  2  4  3  3  8  9  8  4  3  8  3  6  6  1
4  2  3  0  3  8  4  1  0  5  4  7  0  6  4
4  2  4  6  3  8  9  8  4  3  6  2  3  7  5
7  0  3  0  5  1  0  7  4  8  1  0  7  4  1
7  9  0  4  1  8  8  8  4  7  6  6  0  1  3
0  3  9  4  2  4  3  4  3  9  4  1  4  7  9
9  3  4  8  8  8  4  7  6  6  0  1  5  0  4
8  2  6  4  0  5  4  1  8  9  8  3  6  4  2
2  2  7  2  1  4  0  1  4  6  4  1  4  2  4
7  7  8  4  0  8  0  7  4  0  8  0  1  9  5
2  4  5  8  3  6  9  2  8  3  4  7  5  5  0
6  4  3  4  9  8  2  5  0  2  0  9  8  3  6
7  8  8  0  4  0  2  8  0  1  0  8  8  1  4
4  1  8  2  8  9  0  4  4  3  8  2  8  6  4
3  9  3  4  2  8  4  1  4  3  0  8  2  1  1
```

41479
78804
0108814
209836
547064
03059814
4770982
014830324
246389814

246389843
0341482439
0667488814
0667488843
1470184701

FIND THE NUMBERS

```
5  3  2  1  5  2  6  7  3  5  5  3  5  1  4
0  7  4  0  4  0  8  0  7  7  3  2  0  3  6
4  7  5  4  1  3  4  4  5  7  0  8  9  2  5
6  7  0  8  1  0  9  7  3  3  2  2  3  0  1
0  7  2  7  8  5  4  8  0  6  6  8  4  3  7
6  4  0  2  2  4  8  3  1  7  8  2  6  7  7
8  3  6  4  2  7  1  3  4  1  5  0  1  6  2
4  4  8  1  3  5  4  5  7  2  4  0  7  3  9
4  3  7  5  1  0  9  8  8  4  3  8  3  5  2
6  2  4  5  4  0  8  2  1  0  2  0  4  4  8
1  0  7  7  2  1  3  0  1  7  1  4  1  0  3
0  1  1  7  4  9  9  4  3  8  4  8  5  0  0
1  4  9  9  4  2  0  9  4  5  5  7  4  1  3
8  0  9  7  8  2  0  1  0  8  7  4  4  9  9
9  1  4  4  5  1  9  6  7  6  2  8  9  2  1
```

247434	34305707	143981148400
308034	74994384	747184727070
494814	743432014	
5490249	857086348	
24738514	09782010874	

FIND THE NUMBERS

```
5  4  6  3  8  9  1  0  8  4  7  3  2  5  2
0  5  8  5  6  3  8  7  4  2  4  5  9  0  0
7  5  8  0  9  4  5  2  8  3  5  8  1  4  9
3  8  7  4  2  9  8  3  6  1  4  9  0  4  7
6  6  7  5  3  0  2  4  9  4  7  8  8  9  8
6  6  3  0  0  0  7  6  2  4  0  7  9  5  2
6  3  1  8  4  8  3  7  9  8  9  5  4  0  7
8  3  8  0  9  5  7  1  4  9  4  5  4  0  0
8  9  8  0  5  0  5  8  6  8  1  3  7  2  1
7  2  0  1  0  2  7  0  3  3  3  4  8  2  1
9  2  5  4  1  9  9  4  0  6  8  6  3  9  8
0  5  4  0  0  4  6  2  5  7  2  9  6  6  3
8  6  4  0  1  7  7  9  8  4  2  1  0  2  6
0  9  4  1  8  8  1  0  5  2  8  3  9  4  6
0  6  3  8  1  1  4  5  4  7  5  4  4  6  1
```

58149	7411836	270055407
74094	8250184	387429836
502947	8254908	454709836
900836	14489836	748019836
1409836	20774836	825018814
4547094	54247836	5745411836
5087836	89447836	
7011836	249478898	

FIND THE NUMBERS

4 9 5 5 2 8 7 8 0 0 4 1 5 5 0
7 4 0 0 2 3 8 0 7 2 1 2 5 1 0
0 6 1 5 4 7 2 0 5 7 4 8 9 3 6
2 0 9 1 4 2 4 3 3 7 4 5 6 2 2
4 2 2 2 0 2 6 7 5 2 2 3 4 5 4
5 2 1 4 5 2 4 5 0 7 6 7 0 4 8
0 8 9 1 2 4 0 0 2 4 2 0 5 8 0
4 4 3 4 4 0 7 9 0 4 1 4 0 4 1
1 6 8 3 2 8 9 7 0 8 0 0 8 7 4
2 6 9 6 1 4 5 4 4 3 5 9 5 3 7
7 8 4 0 0 7 4 4 5 9 0 5 8 1 7
1 0 2 2 2 1 6 1 5 2 5 3 6 1 0
0 8 5 3 0 6 2 7 4 0 6 3 3 2 5
1 1 9 5 5 7 3 1 8 7 7 7 0 1 4
2 4 9 7 4 7 8 2 8 1 0 6 2 0 4

4140970	110209030	2897080087
6022846	142433745	4294244147
24143602	708320047	5472057489
055140087	801477054	24974782810
67054584	840767054	
70245041	850242004	

FIND THE NUMBERS

```
3  4  1  4  7  5  9  3  8  3  4  4  7  5  4
6  3  3  1  6  4  6  1  0  1  5  0  4  0  1
3  4  6  3  8  0  0  0  4  0  9  3  3  8  7
5  8  6  6  4  7  4  1  9  8  4  4  4  9  4
2  2  8  0  8  9  4  7  0  8  8  3  1  9  2
1  4  5  1  0  8  8  1  3  3  0  4  0  4  4
2  8  2  0  4  9  1  4  3  4  8  6  1  9  3
8  3  9  3  9  5  7  4  1  4  9  8  0  6  9
2  4  4  9  4  1  0  4  5  7  3  0  3  0  6
8  8  1  9  1  8  0  3  5  0  0  9  1  6  4
2  9  0  3  8  4  8  3  0  0  3  7  6  9  2
7  0  7  9  5  4  7  3  9  8  3  3  2  4  4
7  4  1  0  0  0  1  4  0  0  3  0  0  8  7
1  1  0  0  5  9  8  7  2  2  5  3  7  5  4
5  5  0  0  0  4  5  4  9  0  2  0  8  5  2
```

14884	1038836	1899147420
34147	2038843	2439642474
0060890	5744383	2707148943
148943	033054188	833803054188
343147	70795473	
895001	74341010	
903400	348248348	
0910390	570305479	
945400	1094374064	

FIND THE NUMBERS

```
1  5  1  3  4  8  8  8  8  2  6  7  5  5  6
2  7  1  1  1  6  5  7  4  5  0  7  4  3  7
2  7  4  0  7  4  0  8  5  5  1  0  6  8  0
1  4  0  5  1  3  6  0  5  5  7  0  6  2  3
0  3  4  2  1  4  3  6  4  0  1  1  4  8  4
3  4  4  1  8  9  0  7  2  0  1  2  2  6  7
1  2  3  4  9  0  1  8  9  4  2  4  5  2  2
8  8  6  1  6  7  4  2  8  3  6  3  8  1  5
8  3  4  9  3  5  4  7  1  0  7  8  2  7  1
8  3  9  5  6  5  4  1  4  4  1  8  4  0  0
4  7  4  2  0  7  3  8  3  6  6  8  1  1  2
3  0  4  7  8  3  6  1  3  8  0  9  7  4  2
2  8  9  8  0  8  8  0  7  9  3  4  1  1  8
0  1  9  0  9  3  4  9  0  1  4  3  3  8  5
6  8  9  2  3  5  7  4  3  0  2  9  8  1  4
```

17014	57450743	5743029814
40647	83341094	0342143640114
74342	102709814	439708808982
188843	249810943	
2479083	455429814	
2888843	742073836	
6742836	2438889439	

FIND THE NUMBERS

5	3	4	3	4	8	0	0	7	0	8	1	3	3	5
7	4	6	0	1	1	4	8	0	0	7	0	8	8	8
5	4	3	8	0	3	8	7	7	4	2	4	1	6	2
0	1	7	8	8	2	9	4	8	8	3	9	1	4	4
9	4	4	8	0	5	0	8	3	4	9	8	0	6	9
4	3	4	3	8	2	0	8	7	0	3	0	6	2	7
7	0	8	3	0	0	8	9	0	5	8	9	8	2	3
4	9	0	4	9	0	3	2	3	0	5	1	4	1	8
8	4	0	8	4	5	7	3	8	5	7	1	2	6	4
0	7	7	0	3	2	9	0	0	1	8	0	2	8	1
0	0	0	2	3	0	5	1	0	7	1	6	8	1	8
7	6	8	7	6	3	4	1	3	8	4	0	5	0	0
0	4	8	0	7	0	0	8	8	0	2	9	6	2	8
8	5	5	8	6	1	4	6	0	0	3	1	4	3	6
9	8	3	8	1	4	5	4	3	4	9	8	0	4	4

07003	0114800708	6011828208
706458	208800708	8334802708
870306	497384180	8943454183
4831436	1424778308	9474800708
0020800708	3434800708	
28985098	3441430947	
60031436	3744800708	
60894380	4494703308	

FIND THE NUMBERS

```
8  2  8  4  0  3  7  0  0  6  4  4  5  0  5
8  0  2  4  7  7  0  1  1  0  3  4  5  5  0
4  4  5  8  3  2  0  2  0  4  9  8  5  5  3
1  5  7  1  0  5  3  0  8  5  3  4  2  3  4
4  4  0  1  8  4  3  3  4  8  3  4  5  2  2
7  8  4  7  8  7  0  5  7  9  9  0  9  6  8
0  9  4  3  8  2  1  0  4  3  4  2  5  0  2
3  0  4  6  8  8  8  3  7  5  4  2  5  5  4
0  1  7  1  8  3  4  4  4  4  0  2  5  6  3
8  4  3  4  2  2  7  4  0  9  3  0  6  1  9
2  2  0  4  7  9  4  4  2  2  4  0  6  2  4
1  2  4  5  6  0  3  3  5  0  9  3  2  9  8
0  8  2  8  9  8  0  9  4  7  7  9  8  2  3
1  1  2  4  2  4  7  2  0  3  3  4  2  2  6
0  4  1  1  8  8  3  4  5  4  7  7  8  1  4
```

20734	4942514	60073048
24348	5078844	84147030
200394	5473834	84718284
203470	7011034	90898280
204794	012035034	243580350
489014	24720334	0330184743
805187	43428648	503428243948
4283494	54384334	877454388114

FIND THE NUMBERS

7 9 1 8 3 6 0 8 8 9 8 2 8 2 6
3 0 8 9 7 4 3 4 2 4 0 3 5 9 4
8 3 4 8 9 0 5 8 1 8 1 8 2 0 4
9 4 3 4 6 0 4 5 3 4 7 1 0 3 6
4 4 6 4 1 4 5 4 7 7 9 3 0 4 7
4 3 6 4 8 8 1 9 0 2 0 1 0 8 0
3 9 6 4 1 9 2 4 9 0 3 4 7 6 5
5 2 7 1 1 4 0 8 4 3 0 5 8 0 7
5 2 1 3 0 4 9 1 4 0 6 2 8 7 4
2 4 4 4 4 3 4 5 0 3 7 7 9 9 2
1 2 1 9 0 1 3 0 4 2 2 2 4 8 8
1 2 7 3 9 7 4 2 7 6 3 4 7 5 3
1 1 6 4 4 1 4 6 4 2 4 4 4 0 3
3 2 0 7 1 7 2 5 4 1 7 6 7 2 4
7 0 2 0 3 8 9 8 4 8 3 0 0 9 3

283343	174354064	281818509843
407454	497341464	0727044146889
4361033	644670574	
6441464	4320109843	
7889474	4645941464	
07985029	7020389848	
8284324	07270441464	
9020108	18360889828	
089743424	039774541464	

FIND THE NUMBERS

```
4  5  2  1  1  4  2  3  4  4  5  8  2  3  9
4  8  4  0  8  9  4  1  4  3  3  4  7  4  7
2  2  5  0  3  4  2  4  3  4  6  3  7  4  6
3  5  8  5  0  0  1  7  8  4  7  8  3  6  0
5  3  8  9  7  4  0  4  7  5  2  4  3  0  0
0  3  4  1  0  8  3  8  2  4  9  8  0  3  0
6  8  6  0  0  9  2  6  5  5  2  7  2  8  1
4  1  0  6  8  9  8  0  4  4  8  3  1  0  4
0  2  2  2  2  2  0  0  1  1  7  1  5  5  6
7  0  3  6  4  1  4  3  8  0  3  5  5  2  7
8  8  6  8  1  1  2  4  1  0  2  1  8  3  4
8  0  8  5  0  0  3  5  7  1  7  1  3  3  3
3  4  3  4  3  6  9  0  1  4  7  4  8  4  0
8  4  1  1  8  9  8  0  7  0  3  4  8  1  8
0  4  0  6  3  4  0  0  1  5  2  4  3  8  7
```

90185	036414380
0342434	038574580
608324	90147484
0788380	241021834
0898114	382498030
3425740	703142080
5782010	834251004
8478360	854432411
8909824	7433414980

FIND THE NUMBERS

```
6  9  1  0  8  0  4  7  0  1  4  4  3  2  5
9  3  2  0  2  6  0  2  2  8  2  2  8  4  2
4  3  8  4  2  9  0  3  4  3  4  5  1  7  3
2  2  4  3  3  8  3  4  7  7  3  8  4  7  7
3  6  4  2  3  3  6  3  7  0  8  7  7  4  7
0  4  2  8  4  8  4  4  4  1  4  8  6  1  7
4  5  0  8  3  7  5  9  1  0  7  2  4  0  2
4  2  4  7  9  4  3  0  0  4  1  0  3  9  4
2  2  3  5  4  4  4  3  9  9  4  1  2  8  7
4  1  0  4  9  3  3  8  4  1  8  7  4  4  9
3  9  5  0  3  4  0  4  4  2  2  4  2  3  8
8  0  0  1  8  8  8  1  6  1  1  6  3  7  2
0  3  4  8  9  0  1  8  9  2  0  2  3  4  0
9  9  1  0  7  1  1  4  8  3  3  3  5  5  1
4  4  6  7  4  1  8  3  4  5  4  6  0  9  1
```

21034
200801
742439
2438094
3814764
6434982
24798201
34074301
41834324

054594888
3814764324
0727441468201

Puzzle #154

FIND THE NUMBERS

9	7	9	7	6	4	1	1	0	5	4	8	3	8	9
3	4	7	1	4	7	8	0	2	7	6	0	0	4	3
3	4	4	7	2	3	0	7	1	4	8	3	8	2	0
8	4	2	8	2	5	3	2	3	1	0	5	7	0	3
3	4	7	7	8	3	9	4	7	3	0	0	0	7	1
9	6	0	8	5	4	4	3	7	5	2	0	0	8	4
2	6	5	0	8	5	7	1	0	4	1	4	8	1	6
6	3	0	7	0	4	8	0	6	0	8	2	9	0	4
3	1	0	9	0	1	6	8	7	4	4	2	8	0	3
8	0	2	3	8	4	4	0	1	4	5	3	4	8	2
1	1	0	9	8	8	7	0	7	4	3	4	7	7	1
9	7	5	3	4	7	1	4	7	5	0	8	8	4	7
5	3	8	4	0	7	4	0	9	0	7	9	6	9	3
4	3	8	4	1	4	8	0	9	5	0	3	6	7	6
3	8	4	5	4	7	2	0	4	5	4	3	3	3	5

3080011	34748247	30870089847
3478846	38450114	34707889011
3844014	3471478027	347147508847
3845472	3477839473	384148095036
34707488	3840740907	
34734003	3841703274	

FIND THE NUMBERS

```
5  2  6  7  4  1  8  7  6  3  8  0  2  8  1
7  4  7  7  3  4  2  7  4  8  7  8  1  4  7
0  4  2  4  1  1  8  8  8  8  1  0  3  3  7
1  8  7  4  1  8  7  4  8  7  4  1  6  9  4
4  0  3  1  4  8  5  7  4  4  3  4  0  9  0
8  7  0  2  0  4  7  3  7  8  1  4  7  5  1
6  8  4  4  7  1  1  0  2  0  8  5  4  7  0
7  1  2  1  2  4  3  4  2  8  3  4  4  0  2
5  4  2  0  1  4  1  8  8  0  5  4  7  0  8
2  7  9  2  8  8  0  3  4  9  1  2  2  6  3
2  3  2  1  9  1  0  4  4  0  2  0  2  4  3
5  6  5  0  4  7  9  4  7  8  2  4  1  2  4
3  4  0  8  5  0  4  0  1  0  7  4  2  0  4
8  8  5  0  1  2  4  7  0  0  9  4  1  1  8
0  4  9  9  1  4  7  8  1  4  7  9  1  9  4
```

50118	478478147	34274878147
94308	1044020243	41188881033
7014867	1102085470	182083678147
24102108	1418805470	501247009411
40107420	2448078147	
047378147	04991478147	
243428344	5047947824	
344758413	010102078147	

FIND THE NUMBERS

4 4 0 1 4 1 8 9 0 7 1 0 3 8 3
1 9 6 3 0 8 3 1 4 3 7 9 4 1 5
0 3 8 0 8 1 3 4 3 0 1 5 9 0 9
4 0 8 2 7 4 2 8 5 1 4 0 4 9 7
1 0 5 0 3 0 9 4 6 1 7 4 2 4 4
9 2 8 4 9 1 4 8 8 0 4 9 4 3 8
3 1 3 0 7 6 4 5 1 8 2 9 8 4 9
3 0 2 5 1 8 3 6 8 7 8 7 3 7 4
3 3 7 9 1 0 3 1 2 4 0 1 4 1 3
7 7 6 4 9 9 6 5 8 2 1 0 2 4 4
6 9 2 1 0 1 0 1 7 0 8 7 0 7 1
7 4 8 3 4 1 7 4 3 4 3 8 0 9 4
0 0 5 0 0 5 3 0 7 5 0 0 4 7 4
2 6 8 7 8 7 4 3 8 1 8 5 4 7 2
2 8 1 3 3 0 7 7 4 0 8 5 0 7 5

04703	007189483	27071485407
60108	14472068	30170981410
574882	24834200	57058047703
1474280	34174343	97489434144
03431808	97341380	810943471479
4132894	302518368	
5818347	5703500500	

FIND THE NUMBERS

```
6  1  4  3  4  1  1  0  1  2  1  0  2  2  8
0  4  4  9  6  8  6  0  4  8  8  4  1  9  7
2  2  1  2  0  1  5  0  7  2  8  0  4  4  4
5  7  8  8  8  3  4  2  1  2  0  1  4  0  1
1  0  8  0  9  1  4  1  0  7  2  7  5  4  7
0  7  3  0  4  2  3  8  0  7  5  0  8  7  9
4  2  8  4  4  8  0  4  9  7  4  0  3  3  5
1  8  9  1  9  7  3  2  7  2  1  5  2  1  6
4  3  6  4  1  8  0  3  1  4  4  1  0  8  2
2  6  3  5  4  8  4  9  0  8  3  5  1  1  1
8  4  1  1  0  5  0  2  3  3  9  7  5  2  0
7  4  1  4  1  2  2  3  3  4  4  8  8  0  2
2  7  8  1  3  8  8  7  9  4  1  0  4  6  8
2  8  9  0  2  8  8  7  0  7  2  3  7  0  4
4  1  8  9  0  9  3  4  2  0  6  7  0  1  8
```

14884	2050114	1428134743
17014	2074501	03143907408
029814	021898408	27078820982
057083	27072836	055429843094
207836	27813887	0760243909814
210284	178118039	
214147	201210114	
0338408	243248943	

FIND THE NUMBERS

```
5  9  8  8  6  4  1  0  2  2  0  2  2  1  6
3  9  8  8  6  4  1  4  4  3  0  6  5  4  2
3  1  1  8  9  0  4  7  9  8  8  6  4  7  0
7  6  3  5  6  0  5  4  1  4  6  8  8  9  6
0  8  8  9  5  4  4  1  2  3  0  5  4  0  8
1  9  0  1  8  3  1  0  6  7  3  3  4  2  8
1  7  1  9  8  8  6  4  1  0  4  3  4  6  9
4  0  4  4  4  9  6  1  4  4  2  3  3  1  7
7  9  6  0  5  7  3  4  7  6  6  6  4  3  0
6  4  8  6  4  6  2  4  1  4  6  8  8  9  9
8  6  8  4  8  3  4  4  1  4  6  8  8  9  4
8  8  9  6  3  3  8  2  0  6  8  8  9  9  5
9  8  8  6  4  1  4  7  9  3  0  1  2  1  3
9  9  2  8  9  8  8  6  4  1  4  7  8  1  5
5  8  2  8  7  4  9  8  8  6  4  7  4  7  5
```

4146889	344146889	20220146889
8206889	644146889	38014688982
011476889	746889478	57474688947
14688982	1874146889	64340146889
40146889	2068897094	
054146889	03974146889	
74688974	8344146889	
184146889	8970946889	

FIND THE NUMBERS

```
2  6  0  8  6  4  3  9  0  1  0  8  7  4  2
2  8  3  0  7  4  7  2  4  2  4  3  8  4  8
4  4  7  9  9  9  0  4  6  4  0  1  3  8  7
3  4  2  1  9  8  2  3  2  3  1  4  1  4  0
9  2  0  2  4  7  0  2  0  3  0  3  5  0  3
4  3  8  1  4  3  8  2  6  6  0  4  8  9  2
7  2  4  2  3  7  3  6  3  1  3  9  3  9  7
9  1  6  8  7  1  2  0  2  0  8  2  8  4  4
0  6  0  9  9  4  3  8  7  5  4  4  4  1  7
8  0  9  9  1  0  4  4  0  2  1  7  9  4  2
3  3  8  5  8  5  9  3  0  1  8  0  1  2  0
2  5  6  3  3  3  3  8  8  7  8  8  4  0  3
4  8  0  9  4  1  1  8  9  4  0  0  3  8  0
3  8  3  5  4  2  4  7  2  8  0  1  2  9  8
9  2  1  2  1  0  8  8  2  0  1  2  0  8  9
```

18344	032747203	941420898
20114	34924708	24224728018
24380	83849143	83542472801
370208	90108742	4394790832439
747038	174032089	
827443	202470203	
2703341	00384188001	
8909843	809411894	
24243848	882012089	

FIND THE NUMBERS

7 8 0 9 4 1 1 8 9 4 8 9 9 8 9
7 4 3 1 4 1 9 9 0 7 8 8 1 9 1
8 6 7 9 4 9 8 1 1 4 9 0 8 1 4
5 0 2 5 8 7 8 7 0 9 8 7 7 3 0
0 9 5 9 5 3 8 4 4 3 2 7 0 5 9
2 2 4 3 0 1 4 2 1 9 6 5 8 4 4
4 7 4 3 3 0 1 5 1 0 8 1 7 2 7
5 8 9 1 9 8 3 9 3 4 8 1 2 5 8
1 0 5 2 4 5 6 4 9 0 0 5 7 7 5
0 3 4 1 3 3 8 4 7 4 9 8 0 4 0
3 8 5 1 0 3 4 9 3 9 2 1 5 2 2
4 5 2 6 4 1 0 0 0 3 8 4 9 0 4
3 7 6 0 2 0 4 4 1 2 3 0 2 4 5
8 2 8 2 3 3 3 0 9 8 6 4 5 9 2
1 0 0 0 3 3 4 8 8 1 0 5 4 7 5

24249	804101	089743009
27059	1478214	809411894
40797	2058014	4094785024
47189	4718947	5745018843
85024	5041403	8094118948
103347	8709914	8502451034
243014	08727059	
510349	08947483	
742049	89078785	

FIND THE NUMBERS

0	6	3	8	1	1	4	2	0	3	4	0	6	2	2
8	3	3	4	6	0	2	4	9	0	1	2	4	7	0
4	3	0	8	7	5	5	3	9	1	2	3	5	1	3
2	4	4	7	0	4	3	2	9	3	0	2	9	6	8
8	2	0	7	4	0	1	9	6	9	2	5	7	0	9
3	4	4	6	4	2	2	1	0	0	7	6	2	8	9
6	0	1	1	8	3	8	4	4	6	0	1	4	1	8
4	5	3	7	6	1	8	8	1	2	2	8	1	1	3
0	0	3	6	4	3	5	4	0	3	4	0	2	8	6
4	6	7	4	6	2	8	5	7	1	3	9	7	3	7
6	4	2	4	4	0	8	9	0	1	6	0	4	6	4
2	4	0	1	8	3	6	3	3	1	2	4	2	2	7
4	7	4	9	9	4	5	3	6	8	6	4	7	4	0
0	5	2	0	7	4	2	7	2	9	0	5	4	2	1
0	6	5	8	2	0	6	8	7	4	1	5	9	5	4

10980	05518604	4302411836
842836	50839836	203314200836
1742836	60811836	
2027024	249012470	
2401836	342405064	
2742749	509272470	
03899836	610882470	
4786028	942411474	
5499474	4217483474	

FIND THE NUMBERS

```
9  4  8  9  8  2  3  1  0  2  8  6  7  0  8
6  1  7  5  6  2  4  3  0  2  8  3  4  8  9
8  8  0  3  7  1  5  9  6  2  1  3  4  1  8
3  3  2  7  8  4  0  3  6  4  8  5  7  2  3
8  3  0  3  5  3  7  7  5  3  5  3  3  8  9
9  1  7  8  8  4  9  0  4  7  8  5  4  1  4
8  8  1  4  2  8  2  4  9  3  1  9  7  2  7
9  5  8  1  2  8  4  6  7  3  4  7  8  0  5
0  0  2  8  5  4  3  0  3  1  8  6  3  4  7
9  9  4  4  4  4  9  8  8  8  8  5  6  6  4
8  8  3  7  3  3  8  0  1  4  6  4  3  2  9
4  4  8  1  4  9  6  5  2  2  9  0  2  8  8
3  3  4  4  0  9  7  0  7  7  9  1  3  8  3
8  9  6  8  1  3  0  9  8  4  8  2  4  0  6
1  8  6  0  5  4  9  9  4  3  3  5  3  7  2
```

94898	43028348	839475749836
309848	47347836	
839074	50984398	
1824384	60549943	
2438201	80768201	
3884084	380634888	
6434701	8394718428	
20306836	34507924398	
41847148	838989098438	

FIND THE NUMBERS

0	9	4	9	0	1	8	7	1	1	3	5	4	1	1
1	2	3	1	0	3	4	3	0	2	2	4	3	1	9
0	5	3	4	5	0	2	7	2	0	9	7	6	6	0
9	0	4	6	3	0	7	6	8	7	5	2	6	8	4
5	8	0	2	3	8	3	5	7	8	5	6	5	6	4
7	4	4	3	4	1	1	3	0	8	4	8	6	0	9
6	4	3	4	1	7	4	0	6	7	9	3	8	8	5
7	3	3	8	2	2	4	7	3	8	2	9	4	3	3
4	0	6	3	5	6	0	9	2	4	1	9	8	0	9
4	7	9	1	3	8	1	6	0	3	7	2	8	3	2
0	4	4	1	0	1	9	3	1	5	0	3	2	2	6
0	8	6	3	5	4	4	8	4	0	8	5	0	4	4
9	4	4	2	4	4	3	4	5	4	8	8	9	8	0
6	9	3	9	2	2	4	3	0	9	4	8	6	0	2
3	7	4	8	7	1	8	2	9	5	8	7	3	1	3

01095	1440194	8243474
50327	1478843	34548898
54247	1708848	60830324
61088	7036409	0374301834
072982	7899836	

FIND THE NUMBERS

0	2	7	0	1	8	0	1	1	1	7	2	5	8	0
2	3	4	8	6	0	2	5	7	3	9	1	8	1	7
4	0	2	5	2	3	1	5	4	2	3	2	1	7	6
3	3	3	2	0	8	0	9	5	0	0	8	4	1	0
3	5	8	3	4	4	4	3	2	4	3	2	9	9	2
0	4	0	1	1	0	7	4	1	6	3	0	5	5	4
9	0	2	7	9	4	3	0	9	3	2	7	8	1	5
6	7	2	8	8	8	5	9	5	5	2	9	8	4	5
3	1	4	1	1	8	0	8	7	3	8	9	7	2	3
8	0	7	4	1	6	0	4	8	4	0	8	7	4	4
3	5	6	4	1	4	7	2	2	7	1	2	2	8	5
5	5	0	5	2	8	6	2	0	9	1	4	0	9	5
7	0	7	5	4	1	1	4	4	7	2	3	3	4	6
7	7	3	5	6	5	1	6	9	1	1	9	4	5	8
6	3	8	7	8	8	5	4	2	8	0	1	1	9	7

011074	2091409	581495887
036147	5411447	2033145887
181447	17020887	2403974143
1081072	142489459	8245887836
2035074	240891834	

FIND THE NUMBERS

```
3  8  1  7  4  1  2  4  3  8  2  0  7  2  1
6  2  0  1  0  3  3  3  4  5  5  7  1  0  2
9  8  4  0  0  2  1  0  8  7  4  7  5  0  0
7  5  5  2  6  7  4  4  3  1  0  4  9  0  0
0  2  9  9  0  6  9  1  8  9  8  1  1  4  2
3  4  0  3  6  2  6  8  3  5  2  2  7  8  0
3  1  3  0  8  2  0  4  4  0  0  1  2  7  9
8  4  4  4  8  7  4  9  2  1  4  4  1  0  4
4  0  8  8  8  0  0  5  5  1  4  9  4  3  8
1  2  1  8  5  7  0  3  1  2  6  1  5  7  0
1  2  8  8  3  3  0  6  4  4  1  4  7  8  1
0  0  1  7  6  0  4  4  0  0  0  2  1  8  2
3  3  1  2  5  2  2  4  2  4  2  0  0  0  4
1  7  4  0  4  1  0  2  7  4  8  8  4  9  0
3  8  4  8  7  0  4  8  7  6  2  4  8  6  4
```

141489	10274884	543330102
200800	20004870	874144603
0434870	67443104	1744058413
702834	200209480	6744358413
2038843	281200044	9034818114
4870487	342147183	
05514943	400210874	

FIND THE NUMBERS

1	7	9	7	4	1	1	4	8	5	7	8	3	6	8
2	9	0	7	6	1	8	1	8	3	6	8	9	4	3
0	4	6	3	4	3	5	4	7	3	2	7	1	6	2
8	2	1	7	0	5	0	0	3	4	9	3	0	2	9
5	3	8	0	8	9	5	8	6	2	5	1	4	3	4
3	4	7	3	3	2	4	1	0	2	1	0	8	5	0
3	0	7	1	0	8	8	5	0	2	1	7	9	8	1
4	3	4	2	5	9	0	3	6	6	1	7	1	6	0
8	9	0	7	9	3	8	7	4	2	0	7	4	1	5
9	9	4	1	5	0	4	9	0	0	9	7	0	7	4
6	3	3	2	4	4	3	1	8	1	4	3	8	3	0
9	5	6	5	2	1	3	4	3	5	2	4	8	5	0
4	6	7	0	1	8	4	8	9	9	0	7	7	0	2
3	1	2	3	4	2	0	1	1	0	3	4	6	4	2
9	0	5	4	1	4	9	0	2	0	8	4	3	9	0

51470	9020843	70998481076
181438	24102108	741148578368
203943	60155479	
435473	214141033	
903820	342011034	
905414	1048914088	
2478397	1818368943	
3092745	2107083014	

FIND THE NUMBERS

```
7  4  4  8  0  9  4  1  0  3  8  2  7  8  8
2  4  5  5  4  0  8  1  8  5  0  3  4  9  8
4  2  8  8  2  0  8  7  2  4  0  9  7  3  2
0  3  7  2  6  8  8  0  8  3  7  4  2  3  5
3  8  0  5  6  2  1  8  8  3  7  3  5  6  1
3  1  3  1  8  7  0  9  8  2  4  5  5  4  4
5  4  8  7  8  8  8  1  4  6  0  3  1  4  5
6  2  0  3  5  0  7  4  0  8  3  0  4  0  1
1  8  9  7  7  8  2  1  2  0  2  2  0  2  0
9  5  2  7  8  1  4  9  8  8  5  3  4  8  3
8  0  0  1  1  1  7  4  7  9  1  3  0  8  9
6  0  8  0  7  7  9  8  3  0  1  4  0  2  7
9  1  3  2  4  4  2  8  3  4  8  8  2  4  8
1  6  5  0  6  3  7  9  9  4  1  1  8  0  8
9  7  4  8  7  8  7  4  1  1  4  8  1  2  5
```

81034	81850349	8825145103
81087	84035001	8872830149
87043	842884382	87038092083
8081149	878343423	974878741148
8083742	8208724097	
80811743	8435889418	

FIND THE NUMBERS

```
2  1  4  4  8  6  0  3  5  1  1  6  9  0  9
9  6  1  4  1  4  1  4  3  0  0  4  3  0  2
8  8  2  4  3  1  1  2  5  4  3  1  4  5  9
2  9  3  1  9  2  3  1  2  2  7  4  5  4  8
9  8  2  0  4  1  7  6  8  7  3  5  1  5  7
9  0  7  0  0  8  3  9  4  7  8  4  7  3  8
0  9  0  4  1  0  3  0  7  5  6  4  7  9  5
2  1  0  5  2  8  3  8  9  7  0  2  4  3  9
7  0  8  4  2  6  4  3  0  0  6  1  7  8  8
4  1  7  6  8  0  9  2  8  5  4  4  1  1  0
2  4  1  8  0  7  3  4  5  7  4  8  9  4  7
4  3  4  2  1  1  2  5  0  0  1  2  7  1  6
9  0  3  4  6  9  9  3  0  8  1  4  2  0  3
4  3  9  2  7  0  8  8  4  2  0  4  7  1  2
7  9  8  6  7  0  5  5  3  1  8  6  5  2  1
```

50341	0871439	345748947
87859	2078409	786714028
270884	61414143	8389702439
608049	70301409	9027424947
678114	83947847	
741783	143278409	

FIND THE NUMBERS

3	4	9	3	4	8	4	3	4	8	3	3	4	7	4
1	8	9	4	3	4	4	4	3	3	8	8	5	1	8
8	7	2	8	8	7	7	0	7	7	4	9	0	2	9
2	2	6	1	6	4	3	7	3	1	6	2	7	3	0
0	4	2	2	4	0	3	8	6	4	4	1	9	0	4
8	9	0	4	3	8	2	4	9	4	1	2	4	5	0
1	4	8	2	5	7	0	2	8	4	3	4	0	7	2
0	7	0	5	4	0	1	7	4	8	4	9	3	9	7
2	7	7	5	0	7	1	8	0	2	3	4	9	4	8
7	4	0	2	9	6	0	4	8	3	4	0	7	3	1
4	0	9	4	6	1	4	0	3	2	4	4	3	9	4
3	3	1	4	1	4	7	4	7	2	0	3	1	4	3
2	6	4	1	3	4	3	4	0	7	7	8	3	6	8
4	1	1	5	5	2	1	4	8	7	8	1	5	6	7
5	7	4	6	6	0	9	4	7	9	3	2	8	4	8

704384	8904027814	1820810274324
1494283	9749066475	6413434077836
14032443	20807091414	
249477403	20947707788	
894344433	64134344078	
1434143048	74338434843	
5071802349	141474720314	

FIND THE NUMBERS

```
0  1  0  4  6  7  4  4  6  4  2  3  8  7  5
1  4  1  1  4  9  4  7  7  4  4  9  5  1  2
2  2  3  4  8  8  4  1  0  4  7  9  3  4  2
4  4  1  1  4  2  0  3  8  5  4  8  8  7  1
8  0  8  3  9  9  4  7  3  4  3  0  1  8  8
6  7  0  3  3  5  7  0  8  7  8  4  3  2  0
2  8  3  3  8  5  4  6  1  8  3  2  5  3  4
2  4  7  3  2  0  1  1  0  1  1  3  4  3  3
3  1  3  5  0  3  9  8  7  3  2  3  7  4  4
1  7  7  7  9  0  9  4  0  4  2  0  3  6  4
2  6  5  2  8  5  8  4  2  3  8  8  1  9  3
6  5  2  7  2  5  7  5  4  2  8  3  5  7  5
6  4  7  5  5  7  7  6  7  7  2  6  3  5  0
8  0  5  9  7  4  4  1  3  5  9  0  4  8  5
9  3  7  4  5  6  2  5  1  1  0  5  9  7  2
```

746830
2477899
2833847
24397401
24732011
28338546
808399473
1411494774
44114203854

578324644764
670335708784

FIND THE NUMBERS

4	2	3	0	3	4	9	6	3	8	7	8	0	2	6
9	8	2	7	1	0	3	2	9	5	2	0	0	7	4
0	3	4	4	6	0	8	3	2	4	0	3	0	2	8
0	8	4	8	9	1	8	3	0	0	1	5	2	1	2
3	4	7	0	1	3	0	1	5	2	3	4	4	6	3
3	4	8	0	2	0	9	2	4	4	8	7	7	3	2
4	1	8	4	1	0	9	4	1	1	6	1	1	7	1
3	5	0	8	4	5	4	2	5	0	4	7	8	4	3
2	4	1	3	7	7	7	9	1	5	6	1	4	4	4
0	1	8	4	1	7	3	5	9	6	4	2	3	0	6
6	3	0	8	2	0	0	4	8	4	4	7	3	4	6
9	6	9	3	3	9	3	7	2	3	3	5	8	3	2
5	7	0	2	1	0	0	1	9	4	1	5	3	4	1
1	9	1	3	0	0	2	6	5	5	9	1	8	0	3
4	7	5	6	4	0	8	1	3	6	6	4	0	3	2

94147	10310743	2087836943
243744	70778843	60832403028
2038843	945547843	
9020843	947303028	

FIND THE NUMBERS

```
7  9  9  4  3  4  1  0  0  7  8  4  9  4  4
0  4  8  0  4  2  0  2  8  8  8  4  9  9  9
1  6  5  6  5  4  1  4  1  3  8  1  4  3  3
2  3  3  0  2  1  4  7  7  4  1  2  4  2  1
0  9  4  0  0  5  3  1  1  0  7  1  5  0  1
9  4  2  8  1  4  5  8  7  8  5  1  1  3  0
4  3  1  4  3  1  7  8  1  4  4  4  3  4  5
8  0  0  3  6  8  4  2  8  1  1  4  7  1  0
9  8  3  0  1  8  8  0  0  8  3  4  6  8  7
4  7  7  7  4  1  9  4  8  3  8  0  5  1  4
7  4  8  7  5  1  4  4  2  2  0  8  9  4  0
4  3  5  5  0  5  3  2  2  5  3  6  5  9  7
8  4  0  4  2  7  9  1  4  1  5  6  4  9  1
4  9  5  0  0  1  9  4  1  1  4  4  0  4  4
2  9  5  4  8  3  0  2  2  0  5  0  5  0  8
```

29707788	03684281147	021477412421
80224415	4281458785	94870014349
143178144	5001941144	948882024084
943087434	10507407148	
01435748943	20341814994	
3418314145	20948947484	

FIND THE NUMBERS

7	4	1	4	1	1	0	7	4	3	8	8	3	4	2
0	4	8	8	4	3	8	0	4	8	2	8	3	4	2
3	0	0	3	8	9	4	7	4	0	3	3	4	3	4
8	7	0	1	9	4	7	8	3	6	6	5	0	8	6
2	4	3	5	4	7	2	0	9	8	4	3	6	6	4
0	3	7	0	2	0	9	8	2	0	1	1	4	8	3
1	9	3	0	9	0	2	2	7	4	7	3	7	9	4
1	4	3	9	4	7	8	4	7	9	9	4	5	0	8
4	9	2	7	4	2	8	2	0	1	1	4	9	1	5
3	4	8	5	0	3	2	9	8	4	3	0	2	1	0
7	4	9	1	0	5	4	5	9	4	8	8	8	4	0
0	9	1	4	7	0	8	4	3	8	7	0	2	0	3
3	5	3	4	1	1	0	2	8	9	8	0	7	3	1
2	0	9	0	9	4	6	7	0	1	3	4	3	4	6
2	4	4	3	9	4	3	8	8	1	4	1	4	2	3

209039
209094
870203
01947836
0194709843
386890114
703820114
2742820114
34850329843

37089820114
370209820114
2438284083488

FIND THE NUMBERS

```
4  4  2  6  7  3  3  4  5  4  3  3  8  0  9
5  4  1  8  1  4  4  3  5  0  3  1  3  7  3
9  9  3  4  9  4  1  5  4  3  6  4  9  3  4
4  3  4  4  7  0  9  7  0  5  4  3  2  6  5
5  5  4  2  5  4  7  1  7  7  4  0  1  7  8
3  3  4  3  3  4  5  4  3  5  9  3  5  3  2
1  4  3  2  3  4  3  9  1  4  9  0  1  4  9
8  2  5  1  1  4  3  3  0  7  6  2  7  5  4
3  3  3  4  9  3  5  3  0  5  8  2  0  4  3
8  5  3  0  3  2  8  4  4  1  5  9  1  3  8
3  8  1  5  2  3  8  3  3  5  1  4  1  3  5
8  9  3  4  3  3  4  5  4  3  4  4  0  8  5
8  4  8  2  3  4  3  3  4  5  4  3  3  3  1
3  4  5  8  2  9  8  2  2  3  4  0  4  6  5
6  3  8  9  2  8  5  4  3  4  1  9  2  6  7
```

345433	345079074	3454334324
345829	345433439	3454334398
3454338	345433836	345433432848
3458298	345829836	
34514943	3450790748	
34543343	3454330114	
34582943	3454334324	

FIND THE NUMBERS

```
5  1  6  8  4  4  4  4  3  0  1  9  0  7  9
2  8  7  0  2  1  0  1  0  2  7  3  7  1  7
0  5  7  4  9  4  6  7  0  5  7  5  7  2  8
8  2  4  6  3  8  4  2  0  6  3  3  8  2  3
3  0  3  8  4  1  4  3  7  5  7  7  3  8  5
4  0  2  0  6  1  8  1  3  2  4  0  9  3  8
0  6  2  7  8  3  0  6  7  4  1  4  3  4  2
2  8  3  3  6  1  0  3  4  1  5  8  3  6  6
0  3  7  8  5  9  0  2  0  4  7  5  1  4  4
0  0  8  5  8  4  1  1  2  2  8  8  1  8  2
3  7  5  3  4  0  7  4  4  7  4  1  1  4  7
2  8  7  4  2  3  4  2  3  6  7  3  1  6  0
7  9  8  8  3  7  8  1  4  4  7  5  0  6  0
3  4  4  9  3  8  8  4  7  0  4  4  4  8  8
6  2  3  3  4  3  2  3  0  7  2  8  9  4  5
```

03684	57441873	378590204
24344	58034203	2783067414
303841	87021010	5749467057
847742	87423423	74114744704
3740243	97091034	440748839443
10670364	283360248	

FIND THE NUMBERS

```
2  0  3  3  8  3  0  9  4  4  1  0  2  9  2
0  4  6  4  4  1  0  1  9  0  3  3  4  2  8
1  7  7  2  8  3  6  7  0  3  3  0  3  2  4
4  4  0  0  0  3  4  6  4  3  2  7  9  0  3
7  2  3  3  2  0  3  3  8  3  3  3  2  3  8
0  4  3  3  3  4  4  0  3  8  3  0  2  3  9
3  1  4  3  4  0  8  0  5  0  2  0  6  1  0
3  0  0  7  9  1  0  2  0  3  1  2  5  4  3
0  3  7  9  6  6  3  3  0  7  4  0  6  1  3
2  3  0  2  6  0  1  3  3  0  8  3  4  0  0
5  4  8  1  2  2  4  2  2  0  3  3  4  7  7
1  1  0  3  3  1  4  7  3  9  5  4  3  2  3
0  8  9  0  3  3  8  3  6  2  4  3  3  0  7
7  2  8  2  3  3  0  8  0  2  8  0  6  1  7
4  2  7  0  8  1  0  3  3  3  0  1  8  8  6
```

20334	1033064	74241033
50330	1470330	80332827
203314	5033470	89033073
203383	6703303	89033836
342033	7081033	203383094
435033	8033106	242203347
703342	10331473	608208033
881033	010334343	703387004
903342	67033407	

FIND THE NUMBERS

4	8	3	4	9	5	5	4	6	3	8	7	0	0	4
8	1	0	2	1	6	7	0	1	3	8	1	9	0	6
2	1	3	0	2	7	0	9	9	0	3	4	4	6	0
1	0	4	2	4	7	3	8	8	9	2	2	0	5	1
4	1	3	1	7	1	0	4	1	4	0	1	0	0	0
1	0	3	4	2	8	1	3	8	2	4	7	0	8	7
4	5	1	7	8	8	8	8	4	0	0	4	2	3	6
1	4	7	1	5	2	3	7	1	8	2	1	0	5	4
0	7	8	0	1	2	4	7	5	3	3	0	4	2	8
3	5	8	3	9	3	7	1	3	2	4	7	9	2	8
3	3	9	3	6	7	8	3	4	5	4	3	4	5	5
4	7	4	1	8	4	4	7	5	7	0	2	0	9	0
4	4	1	1	8	1	7	8	0	3	4	4	0	2	1
2	1	0	7	0	8	1	8	1	1	4	3	4	3	1
8	4	2	5	2	7	4	8	8	1	8	1	1	4	8

1788941	203482414	107648850118
2425788	214141033	207574481474
9020843	308718114	
9473843	2021471033	
24102180	2748818114	
034318114	6091831076	
40078364	21070818114	
57030183	27099034460	

FIND THE NUMBERS

```
5 1 0 1 2 3 5 0 3 8 2 4 7 3 8
6 0 1 5 4 7 8 0 5 4 3 2 4 8 0
2 5 2 9 4 1 7 7 8 1 8 2 0 6 2
0 8 3 7 2 4 7 1 3 4 9 8 5 2 0
1 6 8 8 0 0 7 3 4 8 1 1 8 7 6
1 6 2 4 2 3 8 6 9 7 0 0 2 4 8
4 8 7 1 4 4 1 8 8 0 4 3 8 3 7
7 4 2 1 4 4 7 6 9 3 7 3 4 4 9
7 1 4 0 1 2 3 9 1 7 3 2 2 4 8
0 6 4 4 8 2 7 4 3 7 2 0 7 0 8
0 3 2 2 1 7 0 7 0 3 8 4 4 7 5
1 7 0 4 1 5 8 4 8 9 7 1 0 1 2
8 7 8 3 4 8 7 4 1 1 4 2 4 0 9
6 8 9 8 8 0 1 6 0 7 4 2 4 7 9
1 1 2 9 0 0 7 7 0 1 0 2 4 7 9
```

07880	0415848	140338674
14476	502703	274372070
14870	743205	508745106
97428	1104243	742010770
201147	1441784	1707038447
208897	8410848	6781184370
208897	61088986	8741142409
348884	84430837	
0382473	97424706	

FIND THE NUMBERS

2	1	8	4	0	3	4	5	5	4	7	4	7	3	8
0	3	4	9	0	2	8	1	4	3	2	8	3	7	4
2	3	7	4	9	9	8	1	5	1	8	0	1	8	6
7	3	4	3	2	4	4	1	8	2	0	5	0	3	9
4	7	1	9	4	0	4	5	4	9	2	4	4	0	0
1	0	9	4	3	1	4	2	1	7	1	1	1	0	2
7	3	2	8	2	4	8	4	0	3	4	5	1	1	6
4	3	4	3	0	4	2	9	3	8	3	2	0	1	7
2	2	3	1	9	1	2	7	2	4	2	5	1	4	3
4	7	8	0	4	0	4	8	4	3	9	4	7	0	3
3	0	8	0	1	5	4	7	1	5	8	8	7	1	0
2	5	1	0	1	4	7	5	0	1	3	9	2	5	5
0	9	5	2	0	9	8	8	3	9	4	3	8	4	6
0	4	8	8	3	3	4	1	0	9	8	1	4	8	1
8	3	4	2	4	7	1	4	2	4	7	7	7	7	3

189947	34182094	38898329814
434982	374745543	50281442343
741089	378300114	70332705943
2425143	510147501	
5742802	547243943	
8242413	7424174243	
8394384	8334109814	
012474182	20274174243	

FIND THE NUMBERS

```
7  6  7  4  1  0  4  2  0  3  3  0  8  4  9
7  0  5  4  3  0  4  7  3  2  1  9  7  3  3
9  7  2  5  1  8  5  2  2  4  4  0  2  4  4
8  9  4  5  6  7  9  8  2  8  4  7  2  9  8
3  0  2  2  2  0  2  8  3  0  5  6  7  8  1
1  2  8  1  0  5  3  7  7  0  3  9  6  3  4
2  0  4  3  4  7  2  3  4  4  5  3  4  6  0
8  2  5  3  2  3  9  0  7  3  9  4  0  8  7
1  0  0  7  4  3  3  2  7  8  0  1  9  1  3
1  3  0  1  5  2  2  4  2  4  1  1  0  8  4
8  0  6  8  1  2  4  3  3  9  9  3  0  2  2
0  0  2  8  1  3  4  7  5  4  7  7  4  0  5
2  7  3  0  6  1  1  1  4  1  5  2  0  2  5
8  3  5  7  1  2  6  4  5  3  1  9  3  2  3
7  4  7  2  9  0  7  9  6  3  0  6  4  9  1
```

24743	207947	10330224
28134	240147	20251411
30243	242411	28118028
54774	482013	48140734
82897	603378	50010347
89834	2019478	64131102
100743	8945038	97092747
143343	9020203	384958274

FIND THE NUMBERS

```
8  5  5  3  4  0  7  9  7  3  0  4  3  7  2
4  5  9  6  2  4  4  2  0  8  5  5  0  7  4
8  0  2  9  8  8  7  7  2  4  8  2  0  4  2
7  4  3  4  9  0  3  4  9  4  4  3  9  7  4
0  4  0  6  0  1  4  2  2  1  9  7  1  3  7
3  8  0  3  3  0  6  5  4  0  9  3  1  4  8
0  4  3  3  8  8  5  2  3  3  9  3  7  4  0
0  9  4  0  0  0  3  3  2  3  4  9  0  4  1
0  5  4  2  4  1  1  4  0  8  3  2  4  4  3
0  4  1  8  4  1  2  2  1  2  2  3  0  6  0
7  9  3  1  5  1  2  0  0  0  0  2  8  4  4
1  2  3  4  0  8  1  2  2  1  0  3  9  2  4
2  1  0  1  4  7  3  0  4  8  4  5  4  3  9
8  1  2  9  3  0  1  0  7  1  1  2  7  2  6
5  3  8  1  3  7  2  0  7  3  8  6  7  0  8
```

0203500	143836304	24247801304
210304	207386708	28324342044
382018	277889208	
408947	442085507	
10147304	701142443	
40797304	9034944397	
70300007	24102108304	

FIND THE NUMBERS

```
3  9  6  7  2  3  3  3  4  7  6  9  2  0  3
8  3  7  3  8  4  0  0  2  3  8  0  1  5  3
4  8  0  7  6  4  3  9  8  3  0  2  3  3  1
0  4  3  9  0  3  3  6  8  7  4  2  2  1  7
9  6  0  0  8  8  3  0  4  8  4  5  7  8  2
7  4  0  4  0  8  8  0  1  4  0  6  0  4  4
0  0  5  3  3  8  3  8  1  6  8  4  8  1  6
4  0  1  8  3  4  1  0  0  4  3  0  1  3  2
7  2  2  6  3  0  0  2  7  4  5  0  2  5  8
4  2  8  2  4  3  8  2  4  6  4  0  1  2  0
0  5  9  7  1  7  0  5  8  1  5  1  0  1  9
5  2  2  2  9  0  8  4  2  5  4  0  6  2  7
2  0  1  0  4  8  8  0  4  7  5  2  7  8  8
1  5  8  4  0  2  8  7  5  0  7  9  0  4  8
0  8  8  4  3  4  3  3  8  9  2  9  9  3  0
```

04340	541033	833434880
24364	708880	1036103487
34501	3864780	05670388903
060330	6472034	8409704740
67030	20104880	84097057820
0164780	24142180	
170581	076439830	
243824	0514088903	

FIND THE NUMBERS

```
7  1  4  2  0  7  0  2  3  4  4  0  2  1  8
4  1  2  8  8  2  0  4  7  2  4  5  7  5  6
4  5  0  2  3  7  4  3  0  2  2  1  5  1  8
0  7  8  6  1  2  9  9  4  3  2  4  8  9  3
2  1  7  7  0  0  4  7  0  6  4  2  0  1  1
0  3  1  4  2  3  1  7  4  1  9  7  0  9  4
7  8  2  8  1  9  0  0  1  1  4  2  5  1  5
8  2  4  2  3  8  3  3  1  1  7  2  5  4  5
7  8  4  1  0  0  0  8  0  1  7  4  4  9  9
2  7  6  7  7  3  1  7  2  1  1  7  7  7  0
0  1  6  5  8  2  2  4  5  5  4  4  1  8  2
1  0  5  5  1  0  0  0  0  2  3  1  6  4  2
1  3  4  6  3  0  2  4  5  7  4  9  9  0  1
4  8  9  7  0  2  1  4  7  7  4  7  3  6  2
2  7  4  2  0  4  7  4  0  3  1  5  7  0  0
```

37402	1742384	742047403
82871	2070241	2740288214
103030	28392785	8970214774
208742	70814774	10994754203
245544	87471479	20787201142
907914	101114602	
1038110	274241094	

FIND THE NUMBERS

```
8  2  2  8  0  1  1  0  7  9  3  4  2  4  1
6  4  0  2  5  2  0  3  4  1  0  1  0  6  8
3  8  8  9  1  4  4  6  4  6  3  0  4  1  9
5  4  7  9  4  7  1  1  9  2  1  5  0  1  0
5  2  4  9  1  7  2  7  3  0  1  0  5  3  9
0  3  0  5  2  4  8  1  5  9  4  3  1  7  4
6  9  3  2  1  0  1  3  0  6  3  8  2  0  8
0  1  0  3  5  0  1  8  8  3  3  8  9  7  2
2  5  8  9  3  3  7  1  3  3  2  7  0  4  9
9  7  5  7  9  6  5  7  4  9  3  0  7  5  2
2  1  0  6  7  4  4  9  0  7  3  6  7  4  5
2  1  6  0  5  0  8  1  8  6  9  5  2  5  8
8  3  4  7  1  1  9  0  3  2  3  7  3  4  5
0  1  5  6  2  0  1  1  0  0  7  2  0  5  5
2  2  0  2  9  8  4  5  7  1  2  7  1  1  4
```

107706á3	247740	2011479
14183	547947	142439701
74030	703947	
209478	900034	

FIND THE NUMBERS

2 6 2 9 8 5 4 2 8 0 1 8 5 4 3
2 8 2 6 3 8 6 0 0 2 0 5 4 7 5
8 3 4 7 9 0 1 3 3 4 8 7 4 9 8
3 1 2 0 1 7 2 2 8 3 3 4 7 2 9
0 3 4 9 5 2 8 1 1 5 2 1 0 5 4
7 7 3 0 4 5 4 1 0 0 5 5 4 8 0
4 3 9 3 7 0 4 0 0 1 3 8 8 6 8
9 4 4 9 5 1 1 2 8 1 5 4 5 2 5
8 8 8 8 4 8 3 7 9 4 3 4 9 4 4
0 4 4 4 8 3 8 4 1 0 0 7 4 3 4
9 0 1 8 0 7 5 3 4 2 9 6 4 9 3
4 3 4 4 4 5 4 8 8 5 2 8 7 2 8
6 6 5 6 7 4 4 1 0 5 7 0 4 8 5
4 7 4 5 6 2 1 1 8 5 3 2 9 3 0
6 3 3 8 4 9 0 2 0 3 4 4 7 1 1

014838	5862439	85428018543
27414	8947843	574502006836
109743	21015449	940854438501
278258	24243948	
283347	28307498	
0725018	78101374	
840678	381478843	
1448489	05542909843	
5855836	7443020948	

FIND THE NUMBERS

```
0  0  3  6  9  3  4  1  3  2  7  0  9  8  7
5  1  0  5  4  4  3  0  3  8  0  6  8  3  8
5  4  5  1  6  3  8  4  9  3  4  8  3  9  4
1  5  9  4  4  8  4  4  9  4  2  0  7  4  3
0  9  0  2  1  8  8  5  3  9  2  0  3  6  6
5  3  2  4  0  9  0  7  0  5  3  1  2  5  9
3  6  0  8  6  2  4  2  5  7  4  3  2  8  2
7  2  0  1  0  4  2  2  8  4  4  7  3  0  2
8  4  8  1  7  2  0  9  0  0  7  9  2  2  8
7  1  1  0  2  4  8  9  0  8  9  6  3  4  3
7  0  1  0  0  7  4  3  8  1  4  3  0  0  8
3  1  5  8  5  6  7  3  3  4  0  3  0  4  9
7  9  7  0  3  9  0  3  4  6  3  3  2  5  1
2  6  8  2  0  3  4  7  4  8  2  4  3  4  2
0  6  0  4  3  0  7  4  3  2  2  3  9  0  0
```

06008	94348	43547248
10607	248908	50390820
14248	270987	60430743
20374	547604	97039034
24247	2425743	643450749
28434	3843948	838608303
033010	9420743	2434284743
50464	9420843	

FIND THE NUMBERS

```
4  1  3  9  4  3  3  4  1  4  0  7  6  4  2
5  1  4  4  3  4  7  3  9  4  2  6  0  8  9
6  0  9  0  3  1  8  8  4  1  6  3  8  9  8
9  4  3  0  1  3  2  6  4  1  4  1  7  1  0
2  4  7  8  1  4  0  5  2  0  9  9  4  7  6
4  7  3  5  1  0  2  1  1  4  1  4  4  4  0
4  2  0  7  5  4  3  9  4  7  4  5  2  3  7
1  7  2  2  4  8  4  2  5  0  6  3  7  2  1
2  0  7  5  5  7  6  2  4  2  1  9  1  0  0
0  7  4  6  6  6  4  4  2  3  8  1  4  8  6
7  3  4  8  2  4  0  9  5  4  5  3  8  4  3
3  5  1  2  3  4  1  5  8  6  8  9  8  3  0
4  7  3  3  4  2  1  5  2  0  2  5  4  3  1
7  5  7  4  2  1  3  3  5  0  1  5  6  0  6
3  4  6  9  5  5  5  5  4  0  8  5  7  8  8
```

74344	102114144	1405209947
82409	207543947	2441207347
283836	510894747	11044727073
514247	898361488	
74320843	943341407	
80607106	1104103343	

FIND THE NUMBERS

```
1  9  8  4  2  8  9  4  6  0  5  5  4  9  8
1  3  5  8  0  3  6  6  9  7  9  6  3  6  4
5  4  3  1  0  4  6  4  7  9  9  0  9  7  4
6  0  2  1  5  5  1  1  6  8  4  1  5  4  5
0  0  9  3  4  4  0  4  4  1  4  2  4  0  1
6  4  1  0  6  6  1  2  2  7  4  2  1  3  4
5  1  9  3  6  4  0  1  0  7  4  0  4  3  1
3  5  0  4  6  0  0  8  1  1  6  4  8  7  5
3  5  5  6  7  1  3  1  0  1  8  1  0  4  1
3  7  2  3  0  0  4  5  4  0  3  4  8  5  8
1  3  0  1  0  5  8  0  3  5  0  0  0  5  2
8  3  8  2  2  5  2  2  8  2  3  0  1  8  2
1  0  4  3  3  4  1  8  8  1  2  4  1  3  2
0  6  4  6  5  4  1  2  5  8  0  8  3  6  1
4  3  1  0  1  4  7  3  4  9  1  8  1  5  1
```

4236401	64010554	104241440
7432073	64010740	894550649824
10205088	85843045	6740337455836
18828074	099746401	

FIND THE NUMBERS

```
9  4  8  3  4  3  0  1  0  0  0  6  3  6  8
7  5  4  6  9  8  7  0  9  4  2  4  3  1  0
4  9  2  4  1  8  4  9  0  2  0  1  7  0  2
7  3  8  9  7  4  6  1  4  2  4  7  8  3  1
4  5  7  4  7  4  5  3  4  1  5  8  3  4  7
1  4  8  4  4  2  6  0  5  9  3  5  3  1  3
0  6  3  3  6  0  8  3  8  3  8  3  4  5  9
7  2  0  8  8  1  0  2  1  9  1  1  7  4  7
2  8  0  6  1  1  4  9  4  2  0  6  0  9  4
4  0  8  8  1  1  0  3  5  0  0  3  1  7  7
7  9  5  9  7  0  4  3  4  0  8  7  8  1  0
1  9  9  4  2  9  1  7  9  1  2  0  1  0  5
7  0  2  3  7  3  8  8  5  8  4  6  7  6  8
7  6  2  8  2  5  8  1  0  4  3  9  0  4  3
5  7  6  3  1  1  0  8  8  2  3  0  3  5  4
```

021843	9060249	608383834
101802	9414341	974705834
0134249	38103983	2071020948
181703	60001034	3457411834
574502	74745341	3897461424783
1897802	97474107	
8334701	386894383	

FIND THE NUMBERS

9 1 5 4 4 4 4 2 1 2 4 4 0 7 0
4 6 6 5 2 7 6 7 2 4 1 6 9 8 1
1 1 6 5 7 0 4 2 2 6 1 9 1 8 2
6 4 1 3 6 4 2 9 3 3 2 5 5 5 0
2 4 4 2 8 3 9 2 8 6 0 2 1 4 7
2 9 2 9 8 2 1 4 2 0 5 1 9 2 3
2 0 3 4 8 2 4 6 2 2 1 1 0 5 3
6 3 0 0 3 4 9 1 2 4 9 1 0 1 3
9 3 2 0 2 4 1 0 1 4 7 6 8 4 0
3 7 5 0 3 1 7 6 2 7 4 0 4 4 3
8 4 8 5 5 3 4 9 0 0 4 1 1 6 3
3 7 0 7 4 3 4 1 8 1 4 1 0 3 2
9 4 0 1 0 6 5 3 7 0 5 5 8 1 1
0 8 1 0 0 1 8 0 9 4 0 3 2 9 9
2 3 5 2 7 5 4 5 6 1 1 4 1 2 4

14498	1418143	089743424
14768	010103274	107424947
140094	11089474	
1142836	11855073	

FIND THE NUMBERS

```
4  8  8  2  7  4  3  4  3  8  8  9  0  4  1
5  7  1  5  4  0  6  2  3  7  4  3  3  6  1
9  7  4  1  1  5  0  3  2  4  5  2  4  1  8
9  7  4  3  8  8  8  5  0  5  8  3  5  8  8
4  2  4  2  3  7  4  3  0  9  6  6  2  3  8
1  8  1  0  4  8  9  6  6  1  9  4  4  6  9
4  5  3  7  7  8  3  2  3  8  6  7  4  7  0
1  5  9  7  4  0  8  6  1  8  0  6  8  1  9
8  1  6  7  0  2  5  6  7  5  2  8  3  4  8
8  9  2  2  3  2  7  8  7  0  9  2  1  0  4
8  0  2  1  8  7  0  4  8  4  5  2  8  1  3
4  2  5  2  3  1  3  1  4  9  0  7  7  2  8
3  0  1  1  6  7  6  1  2  2  3  5  3  1  8
8  7  2  7  4  7  0  1  6  7  4  0  5  3  1
5  0  5  5  1  4  8  2  1  2  1  5  5  4  5
```

20738	7427442	9414188843
60849	7468434	9740705889
383347	43472884	245836808118
4098834	82822836	574248867405
5055148	1888909843	
7403836	7470167405	

FIND THE NUMBERS

6 5 0 0 2 3 0 8 9 5 4 6 4 5 1
7 2 4 0 7 8 5 9 1 9 8 1 0 9 2
2 0 3 7 8 6 7 1 0 3 3 4 7 3 7
0 8 1 1 9 5 5 3 8 7 4 7 7 2 7
3 2 2 0 5 3 2 6 4 4 4 6 7 4 3
3 1 2 3 3 3 4 4 0 3 0 0 0 2 8
1 3 1 1 4 0 4 7 1 2 8 4 4 7 2
4 0 4 4 4 7 1 9 3 0 6 0 9 8 3
3 3 3 7 0 5 3 7 0 4 5 0 4 2 9
6 8 0 9 5 2 1 0 4 1 1 5 2 4 5
7 2 3 4 0 8 3 5 2 2 0 4 0 5 5
0 4 1 3 0 7 3 0 8 7 3 3 3 7 5
8 5 8 3 1 9 5 4 1 3 4 3 4 0 6
7 0 5 0 5 1 4 2 3 9 6 6 8 8 7
4 0 1 3 7 3 0 7 0 4 2 0 3 4 4

04709	34143743	7867103347
32415	37064318	46459803200
242782	070420344	70103017423
245708	90103484	203314367087
541343	343857433	
3438044	647203743	

FIND THE NUMBERS

```
9  5  8  3  9  4  5  6  6  5  8  5  4  6  7
8  5  7  8  3  2  4  1  4  3  9  9  8  3  0
0  3  1  3  1  2  6  8  0  0  8  8  3  6  6
4  3  4  7  4  0  8  1  4  2  5  7  7  5  1
1  4  6  8  1  3  9  4  0  9  8  3  0  4  4
4  5  1  6  5  8  2  1  8  3  9  9  7  5  2
4  1  4  6  3  8  1  7  4  8  1  0  0  3  8
8  9  0  7  2  8  8  8  0  1  2  7  7  0  2
5  0  4  5  5  1  6  1  2  3  2  5  9  2  3
0  1  3  1  8  0  8  7  0  8  3  1  4  4  0
7  1  2  5  3  2  2  5  0  5  4  4  2  4  2
9  5  9  4  0  4  7  4  3  7  8  0  2  1  5
8  5  4  3  8  8  1  4  3  9  2  4  2  1  0
1  5  4  6  4  2  7  0  2  1  7  2  9  0  1
4  1  1  0  3  7  0  1  0  3  5  0  3  8  1
```

10204	5079814	30098201
24789	5438814	54750243
035087	8507836	57832414
270994	10730114	501885843
703342	018471836	
2108882	24728501	
4347408	27076836	

FIND THE NUMBERS

1 1 0 5 7 9 2 0 4 3 6 3 3 3 7
6 5 2 0 3 2 5 0 5 5 6 7 3 2 6
6 5 6 2 7 7 8 0 5 0 1 8 1 8 9
3 6 7 3 9 7 4 8 1 7 5 0 9 0 5
7 1 8 4 4 0 7 8 9 8 1 4 2 0 1
7 0 8 9 3 8 0 8 1 8 3 5 4 1 2
2 8 8 1 7 5 9 2 2 5 0 0 7 4 7
3 9 2 3 7 0 1 0 5 2 4 9 1 2 8
9 1 3 3 3 4 6 4 7 7 4 7 3 2 1
8 4 6 6 3 0 7 8 0 8 4 1 2 0 9
3 1 3 4 4 6 8 5 5 0 5 0 3 5 5
4 1 1 4 4 0 8 4 4 3 6 8 3 6 3
0 6 5 6 5 1 4 8 9 3 8 2 3 8 8
1 0 4 2 4 2 8 7 5 0 3 4 1 8 6
9 3 3 7 4 1 0 0 5 4 1 5 6 2 4

20986	5740386	48358607986
50074	10891411	50390898827
747543	47746433	83858709843
782241	1450014733	

FIND THE NUMBERS

```
6  3  8  8  9  7  1  0  1  5  2  7  9  2  2
9  8  1  9  0  6  4  8  0  1  5  0  5  7  2
4  4  8  0  5  8  3  0  6  2  3  8  2  1  1
7  4  9  0  9  5  7  2  2  3  4  6  7  9  7
3  3  2  7  1  4  5  9  9  0  5  9  9  2  5
8  8  3  7  4  4  4  0  4  2  9  0  8  3  2
9  1  0  8  0  3  2  0  7  3  9  0  5  5  0
4  4  8  5  0  6  7  3  1  4  8  5  8  0  3
1  1  9  4  6  0  4  0  8  4  6  2  1  8  8
4  8  0  3  9  8  4  3  9  1  3  7  8  2  1
3  2  2  0  3  3  8  8  0  0  4  3  4  0  8
8  4  5  8  1  4  7  7  2  3  8  0  4  4  9
6  5  2  1  5  7  9  1  9  8  0  3  4  3  6
8  2  4  9  9  8  0  1  4  1  9  8  0  4  0
8  4  4  0  1  5  0  8  2  5  4  7  3  3  3
```

141824	6447647055	380303460724
2033880	8249980141	908283497808
1880902047	30380907347	
3800482897	94738941438	
041832241088	109440143343	

FIND THE NUMBERS

```
3  5  2  2  6  4  1  3  8  2  8  9  7  9  5
2  8  8  3  0  8  2  8  9  7  4  2  3  0  8
3  0  8  2  8  7  9  2  4  1  4  5  8  1  1
6  3  3  3  5  6  4  5  5  3  5  4  1  1  6
4  4  9  3  7  5  6  1  1  1  8  3  2  7  4
5  9  3  9  7  4  1  8  7  3  1  0  2  0  3
9  0  1  9  8  4  2  7  9  0  0  7  0  5  1
8  3  2  0  1  8  2  8  6  8  1  8  7  1  4
2  4  7  0  7  0  2  1  3  3  8  0  5  0  4
8  7  8  4  8  9  9  0  4  0  0  9  4  2  2
0  2  5  5  9  9  4  2  2  0  7  2  3  1  4
3  8  0  6  3  8  4  3  7  7  3  2  9  4  1
7  3  9  9  1  0  3  7  3  4  0  4  4  7  3
2  1  7  8  2  0  1  0  4  4  7  7  7  2  4
8  3  0  2  9  8  4  5  9  4  7  3  5  5  7
```

102447	24270382	5707202889
107147	45982803	5803490347
208947	107943347	41429782803
241347	201378147	
1092747	207543947	
3439889	247982803	
5102147	641382897	
5489203	1782010447	
9038947	3742140347	

FIND THE NUMBERS

```
0 7 0 1 9 6 6 4 7 5 4 9 1 3 7
1 4 1 4 1 1 3 2 5 4 8 9 0 1 2
0 8 4 2 5 2 3 4 3 7 4 6 5 7 3
3 2 3 4 3 7 9 1 7 4 4 8 5 4 9
1 8 7 1 1 0 7 1 2 9 1 4 0 3 0
4 6 4 8 4 5 7 8 4 8 8 4 1 4 6
0 4 4 4 7 5 4 3 8 6 9 2 3 0 5
3 7 5 3 2 4 5 8 4 3 0 3 7 4 2
1 9 2 7 0 4 3 5 2 2 5 5 8 0 1
2 0 7 6 3 8 3 3 0 2 3 6 3 8 9
5 4 3 2 7 8 9 4 0 7 7 8 7 2 8
5 1 9 0 0 1 4 8 8 0 7 3 4 7 5
1 2 4 8 8 8 7 6 8 7 4 5 0 7 3
0 2 4 8 0 6 3 0 4 4 3 7 4 9 0
8 3 0 1 8 3 8 2 4 9 9 2 1 6 7
```

033478	2411838	947344036
74480	2705544	1055013783
141411	4327894	2033836702
147203	6788842	3018382499
243703	8278770	
247303	8286479	
488414	8745073	
647343	072897436	
01031403	574370884	

Puzzle #198

FIND THE NUMBERS

1	8	0	4	1	0	1	4	0	7	3	0	4	6	0
6	4	3	6	0	3	9	4	3	8	4	0	7	5	2
4	1	3	3	4	3	7	0	2	4	9	7	6	1	8
3	0	4	0	4	4	8	1	6	9	4	3	4	3	4
4	4	3	0	8	5	3	0	4	0	1	4	6	5	3
2	8	8	3	3	7	4	5	2	4	3	4	4	7	2
4	1	0	9	4	6	2	3	7	9	1	7	3	6	5
4	0	8	1	0	2	3	4	3	8	8	6	0	6	1
0	2	6	0	3	5	7	8	3	4	3	8	2	5	7
7	4	3	0	4	9	8	4	3	3	3	0	7	1	4
8	9	9	6	2	5	2	2	9	4	4	2	4	7	8
3	7	0	1	7	5	8	3	3	8	1	8	4	3	2
0	0	5	4	4	6	2	6	4	0	0	8	3	5	6
4	5	6	9	3	3	5	0	9	7	2	4	2	0	8
5	2	3	4	4	0	3	8	4	4	7	4	7	2	4

101407304	34244078304	420328509843
143836304	087243348304	833454334324
747448304	277889208304	
6443578304	408947243304	

FIND THE NUMBERS

```
4  2  5  3  2  4  1  4  3  6  3  0  1  0  8
4  5  8  1  4  2  0  6  3  8  8  9  1  2  3
0  0  2  5  4  5  0  3  6  3  4  9  5  4  4
2  1  6  1  2  8  4  1  6  3  0  1  5  6  2
3  1  4  5  9  9  2  8  7  4  0  7  9  3  2
5  8  1  8  5  0  5  7  9  2  8  9  2  8  0
8  9  7  0  3  4  1  3  8  7  8  8  9  8  2
3  7  4  6  7  3  3  5  3  2  4  2  2  4  8
5  8  2  0  3  9  4  4  7  0  5  8  5  7  7
8  2  7  1  0  3  3  3  2  4  7  5  8  5  9
0  0  4  1  4  5  9  4  3  7  8  6  0  0  8
4  0  3  8  8  7  4  1  4  0  0  8  1  3  2
5  5  8  2  2  4  7  3  0  7  5  1  0  0  6
3  4  8  1  7  2  0  2  7  2  8  4  7  2  6
3  3  4  3  3  4  5  8  1  8  4  7  6  4  7
```

0167033	47107243	208847984543
2891483	50363495	748185433433
7499036	64503343	
8270334	82247307	
8271022	641742743	
8271033	2088475109	
8970341	5011897820	
14788304	82720271843	
036488279	148278255036	

FIND THE NUMBERS

```
2  4  6  7  4  4  3  8  1  4  7  4  5  3  2
0  5  0  5  9  0  5  4  7  9  2  0  4  3  4
0  5  7  3  4  9  6  3  8  1  7  0  6  2  4
3  7  1  4  0  1  1  9  3  4  3  9  1  4  7
6  6  3  8  8  0  2  7  6  4  2  2  4  7  8
0  2  9  6  3  3  9  5  4  4  8  1  5  2  1
5  0  0  1  4  9  4  2  5  1  8  8  9  4  4
7  0  2  7  9  0  3  1  4  2  3  8  1  8  7
4  4  0  4  6  3  4  7  7  0  2  5  7  9  8
2  4  8  2  0  3  7  0  9  8  0  3  2  4  8
0  9  4  9  9  2  8  4  7  0  3  0  1  7  3
5  7  3  0  4  7  4  2  4  6  9  3  4  2  4
4  3  4  8  8  3  0  2  7  3  1  6  2  3  5
7  7  0  4  1  0  3  8  1  8  1  1  4  8  0
3  4  4  3  0  4  7  8  2  4  1  8  1  4  2
```

51839	2038843	781478834
207743	4430478	1783645479
241814	9020843	1872836702
0307482	071836943	2439642474
574834	74205473	4103818114
0910390	247248947	6744381474
1832413	547920434	

FIND THE NUMBERS
Puzzle # 1

	8	1	8	4	3	0	1	1	7	4	1	1	4	7
	8	4	7											
		4	1	4		8	7	4	5	5	8	1	8	
8	8	2	7	0	6									
1	1	4	1	8	2	0	0	1	0	0	8		2	
8	4	4	9	4	4	1	4	1	0	3	0		4	
3	0	5	4	0	6	1		8	9	0	4	1	2	
4	5		4	7	0	8	0	2	1				2	
8	4		8	7	7	8	9	6	0	4				0
0	7			4	8	6	7	4		3	4			8
0	8				9	4	8	4	4	8	4	7	8	
2	8	1	0	3	3	0	8	7	1	1	5	7	3	
8		1	0	1	4	3	0	8			1	2	2	8
0	8	9	4	4	1	8	0	8			4	0	0	
8	9	4	4	1	4	2	7	0				7	6	5

FIND THE NUMBERS
Puzzle # 2

1				6	1	1	0	7	0					
	7			3	3		3	8	7	1	0	3	0	
		0		1	4	8	0			4				
	4	4	8	7	1	8	8	9	0	4	0	2	4	1
8	4	9	9	3	4	0	9	8	0			4		
4	3	2	8	0	8	9	2	2	7	2			4	
1	5	4	7	2	9	2	7	0	0	5	4			1
4	4	7	7	4	8	8	0	0	2	3	4	9		
2	8	5	4	4	5	1	4	3	9	0	1	4	0	
4		5	0	9	1	4	5	1	0	8	8	0	3	0
3			7	2	4	0	5	8	8	2	4	0		
0				4	8	2	7	8	9	9	4	7	8	
0					7	4	9		1	1	5	2	8	
3						4	4	3			0	0	8	5
4				8	5	1	8	3	9	4	7	2	2	

FIND THE NUMBERS
Puzzle # 3

	2					7	4	9	8	8	3	7	0	2
7	0						4	9	3	8	1	8	3	4
0	3	0	2	7	0	7	1	6	8					3
7	8	2	5						4	1				4
2	5		8	5	3	2				1	0			2
4	4			8	8	4	4	9	9	4	2	0		9
3	1	3	4	4	7	7	4	7	9	4	7	1	3	7
4	3		3			2	2	7	4					8
3	0	8	8	4	7		8	0	2	8	1			3
2	4	0	1	8	9	8	4	3	9	0	8	1		0
			4	9	8	8	7	4	1	8	3	4	4	1
	2	4	2	2	0	3	8	4	3		4	3	3	2
	8	0	4	8	3	4	2	7	0	7		3	8	
8	8	4	7	9	8	8	7	0	7	2	0	4		7
			2	4	7	4	7	4	3	2	4			

FIND THE NUMBERS
Puzzle # 4

1	5		8	0	1	9	4	8	5	7	8	3	6	8
	4													
5	1	4												
	0		9		2	4	6	0	2	0	1	1		
	7	9	4	1	2	0	7	4	5	5	0	7		
	5	9	0		0			3			5			
	4		4	1		0		4			4			
	0		0	1	5		4	4			1			
	0			2	8	8		9			0			
					4	3	4	8			6			
						1	4	1			4			
							1	9	3		4			
								4	8	8	3			
								3	7	0				
									9	3				

FIND THE NUMBERS
Puzzle # 5

		7											
2		9	4	4									
0		0		1	9	7	4	0	9	7	0	1	1
9		7	3	3	8	0	2	3	4	2			
4		3		4	4	7	6						
7		4			2	9	0	1					
1	0	7	4	3	8	2	1	1	1				
0		8	7				4	4	8	4			
3	0	0	4	9	9	0	7	2	5	2	9		
4			8						8	0			
			6							0	7		
		4	7	2	4	2					2	2	
			9									0	
			8										1

FIND THE NUMBERS
Puzzle # 6

	8	0	2	7	8	5	8	2	4						
		3				3		5							
4	2	8	4	9	4	7	4	0						8	
4		2		8		6		1						0	
	7	7	4		9		3	5	1					1	
	8	0	9	0		8	4	8	7	0				8	
			7	0	7	3	0	9	1	3	4	5	4	3	3
		8	4	9	6	8	2	4	1	7	0			6	
8		4		3	2	0	4	2	5	0	4	1			
7	4	9			3	3	4	1	4			4	2	4	
	9	8			0	0	7			5			7	2	3
		4	7				1	8	1			9		9	0
	1	4	5	5	4	7	8	3	6	8					
	0	7	3	4	8	9	0	1	1	0	8				
		8			7	4	2	4	2	1	4	7			

FIND THE NUMBERS
Puzzle # 7

	2	8	7	2	0	1	0	9	4					
			8	8	0	5	4	1			2			
	4	2	3	0	1	0	1	1			7			
1					7			0		9	0		1	
4	1	3	3	0	2	4		5			5		0	
7	9						0	5			4	0	7	
0	7	0	5	5	7	0	8	8	4		7	1	3	
1	0	4	8			4	8	1	4		4	8	4	0
4	2	9	0	1		7	0	8	7		3	4	3	1
	7		9	6	4		4	2	8	4	4	7		4
	8			4	3	1		8	8	6	2	1		7
	3				2	4	1		3	1	3	8		7
	0					5	2	0	1	4	3	6	4	4
	1	4	9	0	1	8	9	5	0	2	2			2
	4			4	8	3	0	4	1	2				

FIND THE NUMBERS
Puzzle # 8

					4	6	4	1	4	3	7	2	4	9
		7	4	2	4	6	3	8	9	8	4	3		
1	4	2	3	4	6	8	1	1	4	9	3	8		
	0	3	2											
		8	8	0										
			2	4	7									
8				8	3	6								
4	7	0	9	0	5	0	4							
	3	4				8	2	7						
		8	8		7	4	9	0	5	2	4	2		
			7	3					7	7				
				2	4					0				
					0	8								
					2									

FIND THE NUMBERS
Puzzle # 9

					8	7	4	7	7	8	2		
	8					9							
		7				7							
			4				6						
				9			8	8				1	
					0		5		4	1		0	
						8		4		1	3	2	
							3		3		1	0	5
								0		3	8	4	
									7	7	4	7	7
								3	4	4	7	8	6
										4		8	
9	0	8	1	1	8	6	7	9	8	3			
8	7	4	5	2	0	1	5	4	9	8			

FIND THE NUMBERS
Puzzle # 10

								9	4	1	4	3	4
	3	3	0	1	9	7	4	5					0
2					5	7							0
	1				9	4	4						1
8	3	4	3	1	4	7	8	7	0				0
4	4		1			3	3	4	9	8	4	1	3
	1	1		4			4		7	2	9		3
2		9	4		1			2		9	4	4	
	7		9	6	3	0	1	1	0	8	4	7	3
	8		0	3		3			7		3	9	
		2		4	0		3			0			7
		0		8	8	8	7	5	2	4	2		
		6	0	7	4	4	2	4	3				
	3	8	3	4	4	7	5	1					
	0	8	7	5	1	4	3	0	1	8	7	5	

FIND THE NUMBERS
Puzzle # 11

7	4	1	8	7	9	3	8	1	5			2	2
5	4	9		2	0	9	0	2	1	0		7	4
	7	1	7			7			8			8	3
		4	8	4	6		4		6		8	9	4
			3	7	3	7	0	1	7		9	4	3
			2	0	9	4	2	4		7		7	6
				7	1	4	4	7	3	4		8	0
					2	4	3	3	0	0		1	7
	7	4	1	8	7	3	0	4	7	1	2	4	4
	7	4	0	8	9	4	3	8	0	7	8	7	1
	6	3	8	2	4	4	2	1	1		8	8	0
	0	4	8	6	3	8	7	4	1			4	1
9	4	2	8	1	4	3	4	5	7	0			7
		4	6	0	7	4	7	2	3	0			
2	8	3	4	9	0	8	0	4	7	4			

FIND THE NUMBERS
Puzzle # 12

2						0	8	5	4	8			
	4							0					
		5	1					3					
			4	7		9	0	1	1	8	3	3	
				3	0			3		8			
				7	3			8			1	1	
					0	4			2			4	
					6	1			4			7	7
						0	1				8	1	
				1			3	4	4			8	
				4				8	3	8		3	4
					7				7	3			
					6					3	4		
						0					0	8	
						5						2	1

FIND THE NUMBERS
Puzzle # 13

1	2	3	4	5	6	7	8	9	10	11	12	13	14	15
			3											
			8	8										
9			4	3	4	9	0	1	5					
4			0	1		3			8					
2	8		3		4		4			9				
5		5	7			5		0			0			
1			2	8			4	0	4		9	9		
4				4	8			7	7	2	7		0	
					1	9		2	2	4	4			9
						4	4	7		0	3			
		3						8			4	4		
	8	8	7	9	0	0	8	5	7		8			
		0		2	0	8	4	4		4				
7	0	4	9	0	8	3	0	1	6		8			
		0												

FIND THE NUMBERS
Puzzle # 14

1	2	3	4	5	6	7	8	9	10	11	12	13	14	15
8	2	6	9	8	5	8	8	4	7	2				
3	6	1	3			0								
4		3	8	8			0							
7	6		8	5	2			9						
0	8	3	3	3	5	0	0	9	4	2	7	4	8	8
4		5	8	7	1	3	7			6				
1			4	2	0	8	8	7			7			
1				7	0	6	0	1	4				0	
8		6			9	7	7	1	8	6			8	
3			3			3	9	0	4	3	3			8
6				8			8	7	2	3	6	0		
					1			1	4	8	4		1	
						8			8	8	3	1		
							3			3	4	6		
5	4	2	4	7	1	8	5	9	8	3	6	3		

FIND THE NUMBERS
Puzzle # 15

1	2	3	4	5	6	7	8	9	10	11	12	13	14	15
					8	8	4	1	9	8	7	8	5	8
			3	4	8	8	8	4	7	5	4	3		
					4			8						
						1	0	5	4	4	2			
							4		0	3	5	0	3	
8	8	4	3	8	5	5	0	7	3	0	3			
0	3	7	0	5	5	4			2			0		9
							2			3	5		8	4
	4								4		0			3
		7			8	4	7	7	4	2	9	1		8
			4			6				1	8		4	0
				8			1				6			2
	8	8	4	3	8	2	4	4	1	6	0			
						2		1	4	7	4	3	4	2
8	8	4	3	8	7	0	4	2		2				

FIND THE NUMBERS
Puzzle # 16

1	2	3	4	5	6	7	8	9	10	11	12	13	14
					7								
	4	1	5	2	0	2	4	3	9				
		0		3		7		2	4				
	0	4	7	0		4		2		1	2	0	
	1		5	0	3	8	1	4	4		0	3	
	4			0	2	9		3		7	2	4	0
2	7	0			6	1	8		0		8	3	
	8	3	4	7	2	0	0	4			3	9	
	8		3			1		4		8			
		9	6	8	4		0	1	4	7	9		
		8	0	0	4	1	0		4		6		
			4	1	4	1	0	2	4	7	3	0	
					8		2					0	
		0	1	4	3	8		0				2	
							9						0

FIND THE NUMBERS
Puzzle # 17

0													1
0	9	9	7	8	1	0	9	4					0
0		9	3	4	2	3	6	8	8	8	0		7
	1	7	4		4	0	3	4	1	0			7
	4	4	3		3								8
			7	9	9	0	0	3	8	4	3	2	4
	2		0	8	8		9						7
	4			6	3	4		8					
	2			4	0	3		9					
	7	3	4	8	9	2	0	7	9	9	0		
	0	9	3	4	2	8	8	4	8	8	0		
	3				8	8	4	3	4	7	0	2	0
	8		4	2	3	0	3	3	4	9	9	0	
	8												
	2	4	3	8	2	8	3	4					

FIND THE NUMBERS
Puzzle # 18

		8				4	6	4	1	4	8	1	
	6	8	2	8	2	4	3	4	2	4			5
		4	1	8	8	0	0	1	0	7	9	8	0
			4		9	7	8	8	3	0	5	8	8
				2		4		0					3
	4	0	7	1	4	6	1	0	1				9
		7		8		9		7		0			8
		9		4		7	3	9		2			3
		8		7		4	8	0			1		6
				8		2			9			0	
3	4	8	9	0	2	8	3	0	2	0	7	3	2
4	7	5	0	7	6	4	4	6			1		
							7	8	8	1	6	3	4
				5	7	4	8	8	2	8			
				4	6	4	1	4	7	2	4	8	5

FIND THE NUMBERS
Puzzle # 19

	7	4	8	8	4	7	3						
2	7	4	0	2	8	7	4	2	4	7	6	4	1
5	7	4	9	4	6	7	0	5	7				
			0			4	6	3	8	7	5		
					5								
7	0	3	6	4	7	2					0		
	8		7	4	1	8	4	1	6	6	4		
		0				2		2			9		
		7		2	7						9		
					1	4	4				1		
						2	1	9			4		
						0		1	8				
						1			8	0			
	8	5	4	3	6	4				5	4		
	9	4	8	1	4	9	5	0	5	4	7	9	

FIND THE NUMBERS
Puzzle # 20

1	0	6	0	9	7	4	5	8	3					1
	3					2	9	5	0	9				4
5		8				4	7		8	1				6
7			0		0	2	0		7		0			0
4	0			5	0	5	8		4			3		1
4		3			8	1	1		6					2
9	1		0		9	8	0	7	0	8	8	8	0	4
7	2	4		3	7	0	3	5	4	1	0	3	3	3
0		7	1		0	3	3	9	9					9
3			8	6	1	2	4	2	0	3	0	7	5	7
4				3	8	4				2				4
5				4	0	0	6	0	7	0	5			1
4	2	8	3	4	2		2			4	1	0	9	8
3	8	0	9	8	7	1	9	0	4	7	6		7	
4	7	4	3	0	1	1	0	8	1	4				

FIND THE NUMBERS
Puzzle # 21

			3	3		2	0	7	4	5	0	8		
		4		0	0	2	0	7	6	0	7	8	9	0
4	3	1	8		9	9	0	8	0					
1	0	4		8	0	8	9	1	5	2				
3	8	3		8	3	2	1	0	8	7	4			
5	6	6			3	0	4	4	7	0	8	3		
0	0	8		1		4	7	7	5	3	6	9	8	
8	8	8			0		7	0	8	4	0	4	5	8
7	7	1	2			2		6	5	2	2	2	9	
8	8	0	7	4	3	3	0	3	4	1	0	8		
4		3	0					7		3			3	4
3		3	8							3				2
4			9		0	7	3	8	7	8	5	8	0	2
3			0			0	1	0	8	0	0			
	8	9	8	3	6	4	7	2	4	9	8	9	4	

FIND THE NUMBERS
Puzzle # 22

2	8		9	8	8	2	4	7	2	4	7	9	0	8
4		2		4		4	9	4	2	4	1	4	6	4
3		3	8		7		3							
8		7	5	7		9		8	5					
2	4	0		7	9	5	0	7	2	7	2	4	4	1
8	8	6	5		0	0	8	5			4	0		
3		8	4	7		7	8	4	4			3	7	
0			3	1	0	0	2	8	8	4			4	2
1				4	4	2	4	0	4	3	2		2	0
					7	9	9	2	2	7	4	4		
7	9	1	0	4	7	4	0	8	0	4	5	2	7	
							5	2	2	3	1		4	
	7	4	0	1	9	7	2	0	7	4	0	4		7
0	2	0	5	0	3	2	9	0	7	4		5	6	
9	8	8	2	0	2	7	0	7	5		3			4

FIND THE NUMBERS
Puzzle # 23

	1	4	7	8	2	7	0	1	3	0	3	6		
6	6			3	4	3	9	1	0	5	8	4	6	8
	3	3	6			7	5							8
	3	0	0	4	9	7	2	4	3	0				2
7	6	4	8	6	5	3	3	8	1				3	7
	4	4	9	0	0	0	4	4	4	9			0	4
1	7	3	8	4	0	8	3	3	9	7	4		2	7
4	4	9	7	2	3	7	0	6	7	9	7	3	7	8
7	2		8	4	7	3	4	3	4	4	4	4	2	9
5	7			1	2	1	0	1	0	3	2	7	0	4
4	9				1	4	0	2		3	4	8	2	1
1	4	2	2	8	7	4	1	6	7			3	7	1
6	3	4	3	7	4	2	8		4	4		3	8	4
4	3	4	8	8	4	7	5	0		3	1	4		3
3	4	5	9	0	2	7	2	8	3			7		

FIND THE NUMBERS
Puzzle # 24

						9			3					
							1		9	4				
								0	0		4			
				2	0	0	3	4	8	4	7	0		
	1				7				8	4			3	
	4	6	7	4	1	8	1	1	4		7			9
	5						8		4					
	7							8						
	4			4	3	9	5	7	4	8	2			
	2		0	7	2	4	3	3	0	4				
	7		3	4	1	1	7	4	7	9	3	8	0	8
9	4	3	3	4										
	0	3	4	3	7	0	9	3	4	2				
	7				3	0	0	8	1	9	3	8	0	8
							4	3	0	1	6	3	0	1

FIND THE NUMBERS
Puzzle # 25

	3	4	1	4	6	0	9	4	8					
	4	3	0	7	6	4	3							
		6	3	4	8	9	0	6	4	1	4	3	3	
			7										3	4
8	3	4	8	9	0	3	0	7	6	4	3		4	1
8		6			3	3	4	6	7	4	4	3	1	4
8	4		3			4	0					4	4	6
3	4	3		8		6	1	9				7	6	0
	4	4	0			3	7		0	8		4	0	9
		1	7	7		0			4	4		3	9	8
		0	0	6	6	3	7		4	4	3	7	8	4
		4		4	4	4		6		0	3	0	3	3
		8			8	3	3		4		1	9	6	8
		3									3		4	
		6		3	4	9	0	6	4	1	4	3	3	

FIND THE NUMBERS
Puzzle # 26

	1	1	8	7	3	7	4	9	8	0	2			
					8	1	0	1	2	9	7	6	8	3
	9	4	2	8	1	7	4	8	2	4	4	7		
3		7		2			0							
5	7		6			4			2	1	8	3	6	4
4		0		8	2	4	3	2	4	7	9	8		
7			2		3		7		0	3				
9				0		4		4	0		4			
8				2		3		9			3			
4					8		8	4	0			8		
5						3		8		9				1
2								4	0	0		8		
0									1		2			
1				0	1	1	0	1	4	0	7	3		
1	4	6	0	0	2	0	5	0	3	8	7	3		

FIND THE NUMBERS
Puzzle # 27

	3	4	8	9	0	1	1	4	5					
	8	3	9	4	3	8	8	5	4					
				3	4	8	9	0	9	4	0	6		
	4	7	2	7	0	7	4	8	7					2
5			7			3	4	8	9	0	7	4	5	4
0			4	2	3	0	7	4	3	6	8			1
1	8	1	2	4	2	7	0	3	8	8	2			1
1	5		8			3	4	8	8	3	4	9	3	4
8	4		8	0		4	6	0	9	3	0	1	3	0
8	2	8	9	0	2	4	9	0	0					6
7	0		7			0								0
4	1		4	4	5	4	2	4	9	4	7	5		4
7	0	2	0	3	3	8	3	0	9	4				
	9	5	0	1	4	7	0	1	1	4				
	4	1	1	0	7	4	8	8	2	1				

FIND THE NUMBERS
Puzzle # 28

	0	0	5	6	0	3	6	4	5	0	3	6	4	3
	1				6	3	0	9	7	2	0	7	4	1
2		0				4							5	4
8		6	8		7			7					7	7
3	2	4	3	6		8			3				4	5
4	4		8	0	3	1	4	8	8	4	5		0	4
7	7			8	6	0		6			3		3	7
2	3			4	7	7		4					3	1
8	8					3	4	3		1		6	1	0
1	9						1	3				4	8	3
1	0						0	4				1	2	6
4	9	5	8	3	8	9	4	7	3	8	8	4	7	4
3	9	5	0	7	2	8	9	7	4	3	3	9		3
9	4	3	4	8	3	0	2	7	9		4	4		
		2	4	3	8	2	7	4	3	0	8	3	3	

FIND THE NUMBERS
Puzzle # 29

			1	4	4	8	2	0	3				6	
		6	7	0	3	3	8	4	3					7
						3	4	2	3	7	8	1	1	0
6	0	1	4	3	0	1	1	0	2	0	7	0	3	3
2	0	8	3	1	0	3	3	0					3	
0	5	9	4	7	4	5	5	4	2	9			8	
7				6	0	1	7	8	0	0		3	9	9
	8		5	0	2	4	4	3	0		1	4	0	4
	9	8	2	2	8	3	0					2	3	1
7	8	8	5	3	1	4	6	7				1	3	1
9	0	4	1	1	0	5	6	0	2	3	7	4	5	4
					4	0	7	3	7	0	2	7		1
8	7	0	7	2	7	6	8	7			5	3		4
					3	4	2	3	5	4	0	7	5	0
		3	7	0	4	2	7	0	5					3

FIND THE NUMBERS
Puzzle # 30

			4				8	4	1	1	4	1	0	7	4
	3		9												
	4		2	4	3	0	8	8	4	3					9
	1	4	4	4	2	4	3	9	7	4				8	4
	1		7	4	7		2							9	1
1	0	2	8	0	7	4								7	4
	7		9		2	0	8							0	5
	8	4	0		0	7	9	7						3	4
			7			2	4	0	2					0	3
			4	4			2	2	5	2					0
					3				0	7	7	8	1	4	7
						4				8			1		4
											6				

FIND THE NUMBERS
Puzzle # 31

			2		3	4	4	6	3	8	9	0	0	8	
			7			0	2	1							
	1	7	4	1	0	4	7	0	2	4					
	4		4		8		1	7	0						
	6	4	1	1		0	5	6	4	0	9				
	9		1	0			2	2	3	3	2	8			
	0		0	8	1			4	0	8	3	0	1		
	6		7	4	8	1			9	1	9	1	0	8	4
			7	7		7	0				0	1	0	2	9
			4	9			5	1				2	0	2	4
			2	0						4	4	5	7	0	1
			6							6			8	2	9
		7	4	5	8	2	4	9	2	7	3		3		
		1	1	0	1	7	4	7	9	4	9	4			6
								0	3	4	4	5	0	3	8

FIND THE NUMBERS
Puzzle # 32

0								8							
	2							0	5	4	9	8	2		
9	3	8	2	3	0		0			8					
	4	0	3	1	0	2	4	5			0	1			
0		3		0	4	3	0	2	7	0	5		2		
1		7	0	8	8	9	4	1	1	0	7			0	0
9		0	4	1	4	7		0			8			0	7
7			1	3	1	1	4	4	6			9	3	9	2
4			1	8	0	6	6	7	4	8				7	4
0	9		8		4	1	1	7	6	8	3			4	7
	4	4		4		3	0	8	0	0	5	8		7	8
	3	1		3	7	8		7				8	2		
	4	0		8				2				0			
			0	2	3	2				7					
0	1	4	5	7	8	0	3	0	7	0	3	0			

FIND THE NUMBERS
Puzzle # 33

		4												
		8	9	5										
	8		3	8	4									
	4			4	1	8								
9	1				8	8	9							
	8		4			9	0	8						
	9	8		9		7	0	6	1					
	8		1		0	8	2	3	3	4	4	7	7	9
	2			0		0		3	4	0				
	4				9	8	4		8	3	7			
						3		1		7		9		
						9	0				6			
		2	0	1	3	0	9	8						

FIND THE NUMBERS
Puzzle # 34

	2	8	8	4	8	3								
0	4		0	4	7	4	3							4
	7			1	8	0	8	4						7
	2	2	1	2	8	1	2	1	5					9
	4	4	7		2	9	5	8	5	4				7
	7		7	4		8	0	7	8	6	8			0
	8			0	7		5	0	4	5	3	7		2
	3				1	5		4	3	9		8	0	0
	0					6	8		7		9		4	3
7	4	3	8	4	0		3	8		9		0		9
9	7	4	2	0	8			8	7		4		1	7
4	9	0	0	8					7			4		0
	4	0	3	8	3	0	7	7	4	8			3	8
						6	7	0	4	1	8	3	6	
7	8	8	5	5	0	4	8						5	

FIND THE NUMBERS
Puzzle # 35

		0	2	4	0	3	9	5	0	7	3	7	0	2
4	7		1	4			3	4	1	0	2	4	7	9
4	3	2		1	0								2	5
1	3	3	7	3	4	3						8	9	4
4	0	8	8	0	4	7	9					5	2	7
2	5	7	9	7	3	8	8	7				9	2	0
9	4	1	1	7	3	4	2	9	0			0	0	0
0		0	0	4	2	4	2	0	4	8		2	8	4
3			3	1	0	0	3		3	3	3	2	3	7
2		2		9	9	0	1	1		9	4	8	1	
4		4			2	3	5	4	4		3	7	4	
2		3				0	0	4	1	6		0	4	7
8		6					1	4	0	1		0	4	
0		4						8	2	0		9		2
8		2	9	2	4	3	0	8	7	4	4	1		

FIND THE NUMBERS
Puzzle # 36

		9	8	0	8	5	4	3	8	4				
		7		0	2	0	1	3	7	0	7			
	9	4	8					1						
	7	7		9	7	0	5	5	8	3	4	8	8	
	4	4	8	1	7					7				
9	0	8	3	1	8	6	1	0	8	8	3	4	8	8
7	7	9	9			0	8	4				2		
4	9	8	4				2	1	3				4	
1	8	8	1				0	0	4	4				3
4	8	5	4	4	3	4	1		2	9	2			
0	9		7				3			0	8	4		
9			0				4				1	2	4	
			3				3					1		0
			2	8	0	5	4	9	4	1	0	8	9	
			4	1	5	4	4	5	2	4	7	8		

FIND THE NUMBERS
Puzzle # 37

				6	8	3	6	4	7	8	3	0	5	8
6			7	0	2	1	0	7	6	4	7		4	
	7		4	9	8	3	8	1	8	3		2	0	5
4	3	0	2	7	4	8		2		8	0	0	3	4
8	0		3					7		2		5	0	3
1	0	0	6	4	3	6	6	4		4		5	9	0
5	0	9	2		1	4		5	2	3		8	8	2
4		8	8	9		0	9	4	0	4		3		7
5			0	9	8			8	7	8		8		4
4				6	0	0	4	3	0	3	4	2	4	1
1					3	5	7		2	5				
4	0	8	7	6	3	0	8	5	4		8			
7						2	7	8	1	8		9		
8	2	0	4	4	3	3	0	8	8	4			3	
	0	4	0	1	0	1	2	0	9					0

FIND THE NUMBERS
Puzzle # 38

1	8			4			2	8	1	4	6	3	0	
2	7	8			2	2	8	9	4	6	7	4	3	4
0		8	4			4	7	0	1	0	2	4	9	7
8		1	6	1	0	5	9	7	6	8	1	4	3	4
8			4	7	4			8						8
2	8	9	8	8	9	7	0		4				5	9
0					8		0		2	3		7	7	4
1	3	0	0	6	7	9	4	2	0		0	4	8	7
4	2	0	5	0	1	1	4		7			1	4	8
1	4	1	1	0	9	8	7	7	8			8	3	2
0				5	0	1	0	1	4	0	8	0	3	0
1	7	4	1	5	5	0	1		0	0		1	1	1
1		6	4	3	4	7	4	0	8		8	1	4	
4	8	2	2	0	9	0	7	4	1	9	3	4	6	
					3	4	5	4	3	3	4	3	9	

FIND THE NUMBERS
Puzzle # 39

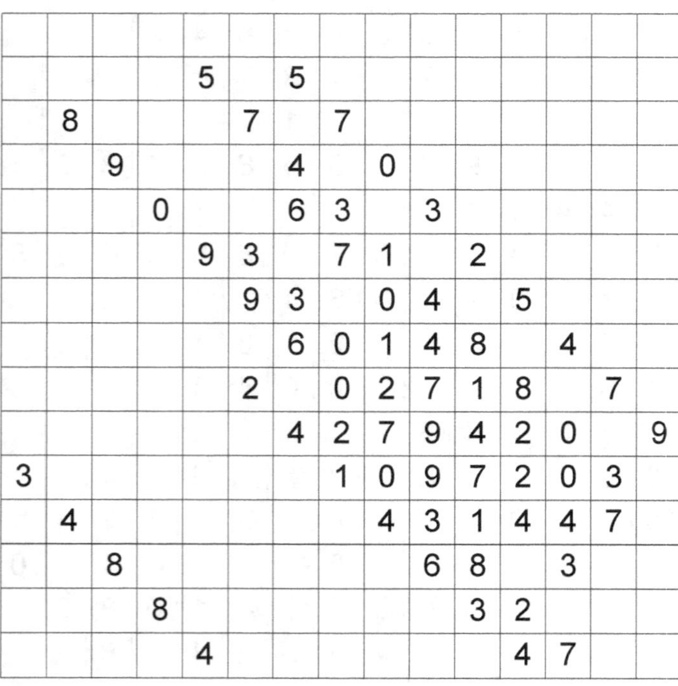

				5		5								
	8				7		7							
		9				4		0						
			0			6	3		3					
				9	3		7	1		2				
					9	3		0	4		5			
						6	0	1	4	8		4		
					2		0	2	7	1	8		7	
						4	2	7	9	4	2	0		9
3							1	0	9	7	2	0	3	
	4							4	3	1	4	4	7	
		8							6	8		3		
			8							3	2			
				4								4	7	

FIND THE NUMBERS
Puzzle # 40

8	6	3	8	7	5	8	3	0	4	2	4			
		0	3	8	7	0	1	4	0	0	6	0	5	
	8	4	7	2	0	3	0	4	2	4		1		
3			0	7	0	5	3	8	2	3	1	0	1	
7	0		4	7	4	1	7	7	0	2		0		
0		2	7	4	2	4	4	1	8	1	1	4		2
9	0	9	3	0	1	9	0	4	1	2	8	7	0	0
9	4			0		0	8	4	2	0	9	8	4	2
8	1	2			3	9	0	2	8	4	3	5		4
4	3		3	9	0	4	1	4	7	8		8		3
8	4			4	1	1	8	7	1	4	3	4	7	3
1	7				7				3	4	9	1	0	
0	0	3	9	4	1	4	5	4				3		
7	3						1	8	9	0	0	7	9	
6	4			6	7	8	5	5	8	9	7			

FIND THE NUMBERS
Puzzle # 41

2	4	3	8	0	1	9	8	3	6					0
4	8	3	9	3	4	2	4	6	0	3	0	2		3
2		3	4	4	6	3	4	1	2	4	3	0		1
5	7	0	4	8	7	2	7	0	4	8	4	7	5	8
7		4	8	8	8	0	8	1	1	8			0	2
4			8	8	9	8	0	3	1	4	2	0	9	4
7	3	2		5	4	8	2	9		3	8	2	7	4
4	4	4	4	3	8	8	3	4	7				2	2
3		9	1	7	0	9	8	3	3	4			0	1
8	0		0	5	9	7	0	2	4		5		4	8
8		7		0	2	8	8	1	4	2		3	8	3
1			8		3	4	5	4	8	3			4	8
4		3	4	8	9	0	2	8	5	8	9	7	4	2
5	0	9	8	4	3	9	7		4			8		0
						6		6		3				1

FIND THE NUMBERS
Puzzle # 42

1	2	0	7	8	8	9	0	4	6	3	0	1	2	
3	0	6	0	7	2		0	9	3	0	3	0	7	
	8	8	2	2	0	9	4	1	1	4	5	0	8	4
5	3	3	9	4	2	4	3	9	0	0	7	3	2	8
9	7	0	0	9	3	4	2	8	8	0		4	4	7
	8	0	0	8	4	9	3	7	4	0	3	2	2	4
2	1	7	2	5	5	2	0	5	7	8	2	4	7	3
4	7	0	5	3		8	8	0	0	1	8	3	4	6
7	4	4		0	1	5	0	7	7		0		5	0
1	2	1			1	1	4	2	8	4	4	7	8	7
4	3	4	4	1	4	2	4	3	8	5	8	0	6	0
7	8	1	7	4	2	0	1	0	3	7	8	0	8	3
0	4	3		0	2	5	7	8	8	1	0	4	3	0
8	2	0	1	1	8	9	7	8	2	4	2	4	3	6
2	0	3	4	2	4	5	7	0	1	0	8			

FIND THE NUMBERS
Puzzle # 43

			1		4	9	3	0	8					
	5	0	9	7	4	7	5	7	4	8	9			
		5	1	4	1	4	4	1	1	4	9			
		8	0	0	1	2	0	9	3	0	8			2
	2	7	7	8	8	9	0	8	3	3	1	4	7	0
			3	3	8	0	9	8	8	7	7	2	7	
8	0	1	0	0	8	2							1	8
5		1	4	0	2	8	3	5	1	4	5		0	8
0	0	4	1	0	0	0	3	0	0	0			0	0
8			8	0	1	0	0	0	7	8			8	7
3				4				7						8
0	0	2	8	3	9	3	8	0	8	2				3
9		8	0	2	3	7	4	7	9	0	5			6
0	5	0	3	4	7	8	0	0	9	3	0	8		1
1	4	4	3	0	5	0	5							4

FIND THE NUMBERS
Puzzle # 44

9		0	5	5	8	5	8						9
	8	1	0	5	9	4	5	7				0	5
	1		3		4	2	3	4	8	2	8	5	4
8		1		4		3		0				8	3
7	0	0	6	0	9	4		7		2		9	2
	2		7		7		4				0	4	8
1		9		4	7	4	6	4	9	0	2	7	1
4		8				0	9	7	4	3	0	5	2
4	3	8	3	4	8	9	5	4		6	8	4	0
5		2	0	5	7	7	4	3	8	9	4	5	8
0	1	4	4	7	2	8	7		1			0	4
7	4	7	0	3	4	8	9	2	8	3			1
3				9	3	4	4	2	4	1	1	0	7
		6	4	4	6	7	0	5	7	4	7		
	4	1	4	7	4	4	3	4					

FIND THE NUMBERS
Puzzle # 45

1	2	3	4	5	6	7	8	9	10	11	12	13	14	15
			1	7	4	0	0	5	0	8	9			
		2	4	2	5	1	4	9	4	1	4			
							1							
0	5	5	7	4	3	8	2	0	9	4	1	4		0
3	4	8	8	7	0	5	2	4	2					8
				2	1	0	8	8	8	2	0	1		8
3	4	3	8	2	7	4	9	4	3		1			8
	3	4	8	8	3	4	9	3	4			5		8
0	3	1	4	7	9	8	8	4	2	4	3	9	5	9
	0	3	1	4	3	9	0	7	4					0
			3	4	1	4	1	4	5	4	7			3
4	1	1	0	2	8	9	0	2	4	9	0	0		9
			1	0	2	8	7	9	2	4	1	4		
				7	4	0	3	1	8	3	4	8		
				3	4	3	8	2	0	9	4	3		

FIND THE NUMBERS
Puzzle # 46

1	2	3	4	5	6	7	8	9	10	11	12	13	14	15
4	7		8	5	4	5	0	1	0	7	8	9	4	
	1	9	6	8	4	4		6						
	8	8	1	4	4	9	3		7					
	0	8	9	0	3	3	8	0		4				
0	9	1	4	2	4	0	4	1	9		2			
	2	3	0	3	4	7	8	1	8	8		9		
		2	4	3	8	5		3	8	9	9		7	
			4	2	3	5	8		4	9	8	0		
				5	4	0	5	7		3	2	8	7	
					9	1	3	0	4		4	0	4	6
					0	4	2	7	5			8		5
						3	8	4					8	
7	0	7	2	4	3	4		2	7					
		5	1	4	0	8	0	7	4	2				
5	1	0	4	5	0	1	3	4	8	8	0			

FIND THE NUMBERS
Puzzle # 47

1	2	3	4	5	6	7	8	9	10	11	12	13	14	15
	4	3	5	4	3	3								
4	3	4	6	0	4	8								
3	5	3	0	4	5	8	5	4	7					
5	4	2	5	4	2	0	4	8	3	2				
0	2	4		6	9		9	2	0	7	7			
3	9	5		6		4	4		1	6	0	0		
3		9	3	2			2	3	0	0	4	2	3	
	4	9	8	0	6	4	9	9	9	8	3		4	4
		4	4	5	1		8		0	4	1	0		
		3	3		5			4	9	5	8	0	6	4
			5	4		5		4	5			3	3	
		4	2	4	5	3	4		9	2				4
					2	1					3	4		
					8	4						4	3	
							4	7	8	5	3	4		

FIND THE NUMBERS
Puzzle # 48

1	2	3	4	5	6	7	8	9	10	11	12	13	14	15
	4	7	4	9	8	8	7	9	8	0	5		4	
	3	4	4	0	3	8	9	3	4	2			7	
8		4	1	6	3	8	2	7	4	9	3	8	1	
	0	2	4	8	9	0	3	8	6	0	4		8	
		4			5	4	7	4	2	0	7	3	9	5
8		1	2	4	2	8	3	6	1	4	8	0	8	
	0			1					5			0	7	7
		3	5	1	0	3	0	7	4	0	3	2	4	8
	4			0				2				9	0	9
	1				6				9			4	3	3
4	6	0	3	0	3	1	4	4			9	3	8	
7	4	9	5	0	4	8	0	7	2		0		1	
			4	3	3	7	4	8	0	1	9	8		
	2	0	4	7	9	8	4	3	0	4	9	8		
		5	0	7	3	8	8	9	0	3	2	4		

FIND THE NUMBERS
Puzzle # 49

					4	8	6	7	4	3	4	4	8	3
7	4	1	4	6	9	0	7	7	4	3				
		4	1	1	4	2	2	0	0	1	4	8	3	
3			3	8	4	0	0	7	7	8	4	7	4	
8	0						8	3						
4		8	9	9	0	1	1	8	0	3				3
0	3		8				8		8	8				8
0		8		3	3			8	3	7	1			4
9			0		9	4			0		8	4		1
4			7		4	7		8	2			0	9	8
1				4		7	5	2		7			3	9
0					8		1	4			4			
7						3		8	8			3		
3	4	3	3	4	2	4	8	3	8	4	3			
3	8	4	9	8	3	9	4	3	8		2	3		

FIND THE NUMBERS
Puzzle # 50

		5	8	1	1	4	7	8	8	8	2	8		
	8	4	8	5	8	8	7	0	4	2	8	7		
			6	9	2	8	3	0	8	4	8		5	
	7		1	1	7	4	2	3	8	4	8		4	
	0	2	0	3	3	4	1	0	7	8			1	
	8	7	7	8	0	2	0	3	8	9	8	0	7	5
	8	4	8	5	9	8	0	7	5		2		0	
	8	4	0	8						4		2		
	3	8	8	0	5				7		0			
	4	4		5	2	8			3		0			
	9	1		4	5	7			3		4			
	8	0			2	0	2			0		8		
		1			4	2	5		9					
8	0	1	9	8	3	4	8	7		4	8			
	8						2		5					

FIND THE NUMBERS
Puzzle # 51

	6	3	8	3	4	8	1	1	8	5				
	8		1	8	6			1	0	8	9	4	3	
0	2		4	0	3	3	3	4	9	4	1	8	5	
3	0		8	7	2	3	8							
8	1			5	4	8	0	7	4	0	4	4	7	
5	5	7	7		8	2	7	1	4					2
4	8	4		0	3	7	8	2	6	4				0
8	3	3			2	4	8	7	7	4	3			2
4	6	4			5	5	1	2	0	0	8			7
	5	0	3	6	0	1	1	4	4	4	3			8
		1			9			0	7	1	5	4		3
		1			9	8	4	0	2	0	1	1	2	8
		4			4				0	5	4			8
		8	4	8	8	4	3	7	4	1	4	6	5	9
	0	4	4	8	9	4	3	4	8					

FIND THE NUMBERS
Puzzle # 52

		3	0	7	8	4	3	0	7	4	9	4	1	
7	4	4	0	2			1	0	7	1	4	7		
	4	3	8	9	4	7	4			9	4			
		3	7	2	0	4	2	3	1	7	1			
9	0	3	6	4	0	6			0		1	8		
2				8	9	9	0		8	2		4	0	
0		3		8	8	4	7	1		0			9	8
8	7		4		4	8	7	3			9			4
3	9	4		2		3	9	4	4			4		
4	7	5		0	0	9	7	4	7	7	3			7
3	4	4			4			0		4				
9	8	7	5	0	7	2	4	7				7		
8	8	9		7	4	8	8	4	7	3	7	8	0	7
8		4		2	0	8	7	8	4	7				
9		7	4	9	3	8	0	5	1	0	2	1	4	7

FIND THE NUMBERS
Puzzle # 53

							4						
	8	4	9	8	0	6	8	4	2				
							5						
		0	8	1	8	2	0	5					
							2						
		3				1	8	0	9	4			
			0				4						
				3			8						
		4	6	0	8	3	4						
	1	4	3	9	8	1	0	3	4	7			
		4	9	3	0	3	8	2	0	2			
								1					
								0					
		8	0	5	4	1	0	2	4	5	2	4	7
												0	

FIND THE NUMBERS
Puzzle # 54

			4	1	9	8	8	7	9	0	1	8	2	
5	4	3	3	4	2	7	4	8	8	8				
1	0	1	1	9	7	8	8	9	1	4	1			
	9	7	4	1	4	7	1	7	4	7	9	3		
		2	0	9	9	0	8	1		0	4	2	4	8
		2			4	4				7	0	0	5	7
	8	0	8			4	0			4	5	1	8	4
	0	4		7			5	8		1	1	1	7	4
0	3	0	5	2	4	4	3	8	4	4	0	4	4	5
	5	5				1			9	1	3	8	2	8
	1	5						0		1	9	3	4	4
4	1			2	4	3	4	5	5	1	4	2	4	7
2	4		0	2	4	3	4	1	1	7	0	2	3	7
4	3	4	4	2	0	2	8	7	2					4
7	3	0	3	3	4	1	8	4	3					1

FIND THE NUMBERS
Puzzle # 55

		2					3	4	2	4	1	8	7	
4	1	1	8	0	2	0	7	2					8	
			2	8	7			4					4	
			1	8	8	4		3		2		1		
8	4	3	6	8	8	9	0	1		8	0		0	
			9		8	3	1	4			8		8	
			8		4	8	1	1			0	2	7	
	8	9	7	4	5	3	4	0	4	4	4	7		4
	4			0	1		1		6	5		4		
	0		8	4	8	2	4	3	4	7	6	0		
	5		4			9		2		1				
	4	4	3	0	2	8	0	2		1		0		
	8			5	4	1	1	0		0		3		
	4		4	1	0	3	4	8	9	0	3	7		0
	7	5	4	8	9	0	1	4				3		

FIND THE NUMBERS
Puzzle # 56

		7	4	0	1	8	3	6	7					
	7	4	0	7	9	4				4				
8		7	4	2	4	8	3	3	0	7				
	0	2			4					7				
		4					5		9					
		3	8				5	2						
		8	4	7				0						
		4		7	0		6			7	7			
		0			9	6		3	2					
		8			1	4		8						
						0	7	3	2					
							4	6		4				
									7				7	
			7	0	7	3	2	4	7	0	8	3	6	

FIND THE NUMBERS
Puzzle # 57

9	7	4	0	9	4	7		1	3	7	4	1	0	9
					4		2	0	8	7	4	5	2	4
	6				7	0	3	0	7	8	4	7	4	
	0		2		4	7	4				9			
	1				0		9	0	7			7		8
2	1	8	3	8	2	8	3	4	2	0			4	2
7	4	9	0	8	1	4	7			1		7		7
	7	5	0	2	3	8	7	4	5			1		4
	4						2	9					8	4
		4					0	0	8					1
9	8	8	7	4	1	5		8		8	3			
		7	4	3	8	3	4				3	0		
					0			0				0	0	
			5	7	0	7	2	0	2	4			9	
							1							8

FIND THE NUMBERS
Puzzle # 58

			8			1								
	4		3			0								
			6		2			4				8		
			0		0			3				0		
			7		1					4		1		
		2		5		4				7	2			
		9	0	2	4	2	2	4	6	4	0	1		
		0	4		5					3	5	1		
	5			7	3		4				8			4
			4		3		1	4		7		0		7
			6		4		8	9		7	1			9
			4		8		3	8			9			8
7	4	8	4	3	0	9	4	7		0	7		3	2
					4		4			1	4			0
											5		5	1

FIND THE NUMBERS
Puzzle # 59

			3	1		9	0	0	4	8	9	0	7	1
		4	1	4	0	2	7	8	6	4	7			
	7		3	1	8	2								
7		4	3	4	7	0	0	6						
3	9		9	4	9	0	4	5	3					
0	7	8	9	3	4	8	9	1	7	0				
0	4		2	0	8	3	4	8	6	4	4			
4	1			8	2	2	3	6	0	4	4	4		
5	4				0	0	4	8	7	2	7	2	4	
0	5					2	4	6	3	4	8	7	0	2
7	4						4	1	7	1	4	7	0	3
7	7							1	7	4	1	6	2	7
4	7								0	8	4	8		
1	8	9	4	2	7	0	6	7	4	8	4	6	1	
1	8	5	7	4	3	3	4	5	0	7	4	3	9	

FIND THE NUMBERS
Puzzle # 60

		4	3			0								
	4	7	7	4	1	4	0	1	1					
		7		4	1		9		1					
			7		0	1		0		8				
			4			0	8		1		3			
4				7		1	5		4		0			
	7				3	2				2		1		
	7				4						4			
		4				2						7		
			1				4							2
				2				1						
				0										
						7								
				5	7	4	8	9	8	3	6			
						8								

FIND THE NUMBERS
Puzzle # 61

	3		6	3	0	3	7	4	2	4	8	3		
	3	8	4	8	9	0	3	8	0	2				
		5	4	4	1	1	4	0	6	4	8	3		
		3	0	8	9	0	6	4	1	0	2	7		
		4	7	7	9	7	7							
3		7	2	0	2	0	2	7						
	8	6		4	3	8	3	8	4			3		
	8	4		4	9	7	8	3	7	3		8		
		8	2		0	8	2	0	4	2		4		
		2	0	7		3	4	8	3		8	3		
		7		1	4		0	8	4			4		
		2			5	3		5	8	8		2	8	
		0				7			7	0	3	0		3
		2		5	0	7	4	1	7	4	3	4		
		0					3				3	7		

FIND THE NUMBERS
Puzzle # 62

				3	4	9	0	2	8	3	0	7	4	
	2				4	3	4	3	3	4	5	3	4	
	2	4	2	4	3	8	4	7	1	0	9	8	4	3
	4	0	1	4		8	5	1	4	4	3	8	0	1
1		9	1	1	4	8	8	4	7	5	2		5	
8	0	3	0	2	0	5	0	4	7	4	2	0		8
2	7	8	2	3	8	1	4	4	1	0	8	0	2	
5	4	8	7	8	8	3	4	7	8	9	9	3	7	4
4	8	1	2	4	9	3	0	7	0	2	8	4	4	
3	8	4	8	8	9	3	7	9	0	9	8	0		2
4	8	3	4	9	4	2	0	4	8	9	8	3	7	
	9	6	3	5	0	7	4	7	4	4	8	1	4	5
		4	4		0	5	4	7	5	2	3	1	4	2
			7			8		7	8				4	
3	4	8	9	0	2	8	1	5	0	3				

FIND THE NUMBERS
Puzzle # 63

	9			8	4	1	0	2	7	4	7			
9	7	0	4	8	7	2	2	4	3	8	5			
8	4	9	2				3	1						1
2	5	8	3	3		5	7	4	5	4	3		7	0
4	0	2		0	0		1	0	2				4	1
2	8	4		0	3	1	0	7		9			3	7
0	3	4		1	4	3	3	5	4		0		1	0
8	9	5		8	2		0	0		6		7	8	1
9	8	4		2	0		2	1			0		3	1
4	3	1		4	1		4		2			4	4	0
7	6	4	4	3	8	7	1	4	8	5	7	4	2	
8		1	4	8	8	4	3	5	0	0	8	9		8
	9	0	7	5	0	3		4	0	4	5	2	4	5
				6	7	4	4	3	4	6	0	9	8	
4	7	4	3	6	3	8	3	3	3	8	5			

FIND THE NUMBERS
Puzzle # 64

								4						
					7	4	3	4	1	0	1	0		
		0			4					9				
		3	3		7		4			9				
			8	2	8	8	0	6	4	1	8	0	1	
		0		3	7	0		3	0					4
4			7		4	4	1		4	2				8
	4			4	4	4	7	1		9	8			
		3			4	7	0	0				8	7	
			0			2		5	6	3		4	2	
					4	3	4	3	1	4	7		1	
				4	7	1	0	3	3	4				
						8								
			1	4	8	0	3	6	4	1	4	8		
						1	8	3	2	4	1	3		

FIND THE NUMBERS
Puzzle # 65

	4				3	3							
0		1			3	4	3	1	4	7			
	2		1		0	8							
		8		0		1	8	9	0	3	4	3	9
		6	0		7	1			0				
		0		9		4				7			
		0		8	2	7	3			0			
		3			1	4	5	1				3	
		9				0	7	0	0				
		8				3	3	8	7	1			
		9				4		8	3	2			
		4				7			5	3	7		
							1	0	5	3	8	0	5
							8	4	6	0	9	8	
													4

FIND THE NUMBERS
Puzzle # 66

5			3	1	4	7	4	3	5	4	0	4	3	
0	1	8	7	0	8	8	7	8	3	7	0	3		
0	1	0	4	9	2	4	0	7	2	6	3	0	4	3
1	4	3	2	9	8	7	1	8			0			4
3	1	5	0	8	0	2	0	2	6			8		3
4	9		8	1	0	0	8	4	4	0			0	8
0	0			3	0	5	0	3	3	3	1			8
8	8				4	4	4	1	4	7	4	4		3
8	7					3	4	8	4	9	4	5	5	8
4	4						8	6	8	7	8	9	2	3
3	0	4	0	4	5			9	3	0	2	0		4
	4	0	7	6	3	7	4	9	8	4	1	8	7	7
5	4	9	4	7	6	4	0	2	7	4	5	1		4
		9	4	0	3	1	4	3	8	3	6			9
		9	3	3	4	7	0	7	0	3	3	0	7	

FIND THE NUMBERS
Puzzle # 67

		3	4	9	6	3	8	1	7	0	1			
7	3	0	7	0	2	0	3	3	4					
1	4	0	1	1	8	4	3	0	7	4	4	2	4	3
4	4	3	3	0		8	1	0	7	4	7	8	1	1
	4	3	6	8	3		4	1	0	4	8	8	3	4
3		8	5	0	7	4		0	9	6				
	7		7	4	2	4	8		9		0			
4	3	0		4	7	2	3	9	8	7		4		
4	4		1	1	9	3	0	3	2		4		0	
0	7			0	0	9	7	1	0	4		7		2
9	9				0	7	8	8	9	2	7		3	
7	7						9	0	1	4	0	7		
4	4	8	7	4	9	2	4	3	4	1	3		4	
	7			9	2	3	0	5	4	3	8	0		2
	3		2	0	5	4	1	8	3	2	4	3	9	

FIND THE NUMBERS
Puzzle # 68

8				4	3	4	7	0	3	3	7	4	3	
	4		9	2	4	3	9	4	8	4	1	4	3	
		1	8	4					9		1			
			4	5	1		5	5	4	7	9	4	4	3
			1	3	4	8	8	8			8		1	
			4		9	7	5		5			7		4
9	2	4	3	9	4	4	9	4		9			9	9
			9			3	4	4	9		4			2
3			4			4			4	3		3		4
	4					9	3	4	1	1	4	2	9	3
		4					7		9			2		9
3	4	4	9	7	8	7	9	6		7			9	4
				3		4	9	3	8	8	6			4
	4	9	4	3	8	3	4	9	4	4	3	8		3
9	2	4	3	9	4	8	8	3					4	4

FIND THE NUMBERS
Puzzle # 69

2	4	3	0	7	0	6	0	7	3	4	3			
	4	1	2	7	8	2	4	3	4	9	8			
4				0	3	3	4	7	2	2	0	4	5	
	2		0	3	1	0	0	1	0	0	0	0	4	3
		0				1	4	6	5	8	7	0		
7	0	1	1	4	7	2		1						
7	2	4	0	0	7	7	0	2	0					
					5		9		4	8				
	0					0		0		5	0			
0		8					8		1		4	2		
	3		8					7		0		7		
		8		1	5	4	0	2	0	1	7	9	0	2
			3		0					1				7
				4		7	9	0	3	6	8	4	7	
2	8	9	9	0	2	3	4	0	3					

FIND THE NUMBERS
Puzzle # 70

								3						
					7	4	9	8	0	4	7	4	3	
0			3	1	8	0	2	7	4	3	4	7	6	4
	1			7	0						0			
		4	3		0	1						2		
			7	4	1	5	3						0	
				8	8	0	5	2						7
				4	6	0	8	8						
				9	8	4	9	1	3					
				8	4	8	6	0	4	1				
							7		3	2				
								5			3			
									8			4		
				8	4	6	0	8	8	4	2	2	4	7

FIND THE NUMBERS
Puzzle # 71

		0		0	0	1	9	4	9	3	0	1	3	8
5		3	4	8	2	0	7	4	2	8	1	0		
7	4	3	8	0		7	9	4		7				
8		0	1	8	0		0	3	0	0	4			
2	2	5	9	8	7	4	0	1	0	3	7	4		
0		0	7	7	2	8	5	1	0	9	5	0	4	
1		7	7	4	4	0	6	3	8	7	7	4	1	0
2		3	0	1	2	7	7	0	4	0	2	8	0	0
7		0		8	7	4	9	1	1	8	3	2	4	0
0		8			0	4	6	4	7	0	2	0	0	0
1						7	7	9	5	4	0	0	2	3
8							0	8	3		7	7	2	
	3	3	4	8	3	2	4	9	0	0		8	3	
8	4	1	8	9	0	7	4		0	6	4		0	
4	5	3	4	1	4	2	4	7	2	1		2		6

FIND THE NUMBERS
Puzzle # 72

4	9			7	4	0	7	9	5	4	1	9		
	9	7		4	2	3	0	1	0	1				
		0	0	5	7	4	9	4	2	9	4	7		8
		5	1	5		2			3					0
	7		8	2	2	7	4	3	8	1	4	7	5	
	8			7	8			8					8	4
8	2	3	1		9			2				0	7	
0	5	4		0	3	2	9	3	4	8	9	0	5	1
2		8	2		9	4			5				4	8
7		7	4		3	9	7		1				7	8
8			8	7	9	4	4	0	8				2	4
5				3	0		7	1	3				4	
8			7	1		0	4	3		2				
2	2	0	9	4	7	3	0	1		5	3	1		
4	8	9	7	4	3	6	9	7	4	3			4	

FIND THE NUMBERS
Puzzle # 73

	8	7	8	4	1	7	4	8	4	7				
		3	4	6	4	7	9	8	3					
	8	1	8	4	8	9	3	0	1	5	4	1	8	1
	6		8	1	4	0	5	1	8	8	8	4	5	
4	7	4	7	5	8	4	2	9	0					
	4	8	2	5	4	7	9	0	3	2	4			
	0		1	0	2	9	4	7	8	0				
	3				0	3	8	2	0	1	8			
	3	4	0	3	0	3	8	2	0	1	8			
	2			8	7	4	5	8	1	8	9	7	4	5
2	0	9	4	7	7	4	9	0	2	3	8	0	7	
	9				2	8	3	0	6	7	4	3	8	
3	4	0	3	5	1	0	3	9	8	3	0	4	2	4
	7		4	2	4	8	4	8	9	4	2	8		
	6	3	8	9	7	6	8	1	4					

FIND THE NUMBERS
Puzzle # 74

	4	0	3	6	4	1	4							
	0	1		4	3	7	0	0	6	8				
8	8		8			8	4	7	4	0				
2	0	1		4				3				2		
4	3	7	4	8	9	8			3			0	0	8
9	3			6		9				4	2	2	4	
9	4			5	1		8				2	8	8	
8	1	4	9	4	5	8	8	1	4	1	0	2	9	
1		4		5			5	4		4		3	8	0
0			9	4	0			4		2		0	0	3
9	0	1	4	1	4	3		1		0	9		9	
				4	4		2	8	4	1	4			8
							1		8		7		2	1
9	7	0	5	5	8	2	4		0			0		4
7	8	8	5	4	3	3	4	7	4					

FIND THE NUMBERS
Puzzle # 75

2			7											
	4	0	2	0	9	4	7	5	7	4	9	3	8	
		2			7									
			5			0	1							
				7			3	4						
					4			6	8					
						4			0	4				
							3			1	3			
								8			4	9		
		2	4	3	2	4	5	2	0	4	9	8	2	0
	5	4	3	8	0	2	4	3	9	4	0		3	
												8		4
4	3	9	4	3	3	8	2	4	3	9	4		8	
														1

FIND THE NUMBERS
Puzzle # 76

					4	9	7	0	2	5	4	9		
			7		5	7	0	2	9	8	4	3	8	
	3			4	1		9			5				
		0	1	1	4	0	8	4		4			1	
			4	3		4	3			1	3		4	
			3	3	2		2			2			1	
				8	4	0	8	8	2	7			2	
		4	3	7	1	8	0	3	4	8	9	0	5	
9				2	0	0	8	7	1	0	3		3	
	5	5	4	0	3	0	9	4	4	5			3	4
2	0	1	1	4	2		4	7	4		2	0		2
				4				1	9	3			4	8
					0	6	4	1	1	4	9			
					6	4	7	3	3	0	4	7	6	

FIND THE NUMBERS
Puzzle # 77

7	4	3	2	4	5	3	0	6						
				9	5	0	2	4	2	0	0	4	7	
			2	4	4	2	7	4	9	0	5	2	4	2
2	0	3	3	4	3	0	4			9				
			2		2	0	2	9		4				0
	1			7		5	1	4	9	2				4
3		0			4		0	5	7	4				1
	7		9			4		8	7	1	3			1
7	9	4	4	9	4	0	1	1	8	8		6		0
			3	9	4	1	0	7	5	1	0		8	7
	9	4	1	4	6	7	0	5	7	4				3
					8	2	8	2	7	4	2	0	1	4
						0	7	4	2	0	2			
				2	8	2	7	4	8	2	4	5	4	
1	1	0	1	9	7	6	8	1						

FIND THE NUMBERS
Puzzle # 78

7		2	8	1	0	7	0	2	0	4	7	8		
3	8	7			4	3	7	4	1	7	4	2		
	0	8	2		3	3	0	8					9	
	7	8	3	3		0	6	8	8			5	0	
7		2	6	4	4	4	8	0	1	1		8	5	
5	8	3	4	4	2	7	8	8	1	0	6	3	0	
4	8	8	0	5	2	8	5	4	8	8	9	3	3	5
7	3		3	9	2	7	3	8	3	0		8	4	4
9	0			7	2		4	0	1	8	7	8	8	1
0	0				0	7		3	8	8	7	7	4	8
6	9					0	8			9	5	2		8
0	8	2	4	1	0	3	3	8	2		0	8		7
4	9			6	4	7	2	0	3			4	3	
8	0				1	0	9	1	8	0	3		7	4
4	9		3	0	4	7	4	0			3			2

FIND THE NUMBERS
Puzzle # 79

				8	9	8	7	7	8	3	6			
7			4	1	1	0	7	4	9	1	0	3	0	
8	4		6	3	8	1	9	9	4	8	3	0		
	2	9	6	3	8	9	0	7	4	5	8	0	3	4
5	4	5	8	4			2	8	3	4	8	6	4	7
	8	1	7	8	1					2				2
		2	1	4	3	8				0				0
	7	4	9	0	2	8	9	2	4	7	7	4	2	9
1	0	1	4	0	1	8	8	2				2		4
	7	1		3	7	4	8	3	4	9	0	1	4	8
	8	8			3	4	7	4	0	3	0	7	5	9
	7	6	3			8	8	5			3			8
		0		4			2	6	2			4		2
			4							0	8			2
	0	3	8	3	7	8	1	8	9	4	3			

FIND THE NUMBERS
Puzzle # 80

		1	0	9	3	4	5	8	7	4	7			
5				3	4	0	1	8	4	2	4	0	7	9
4	4	5	4	9	0	2	4	3	4					
7			4	0	6	8	4	7	5					
8						9		1						
4			3			7		1	0	1	1	4		
3	7		4			8				4				
3		8	8			5			8	2	0	6	4	5
0	0		8	2									3	1
6		6	8	9	8									0
4			3		4	2								3
8				0		8	4							2
						2		7	2					7
									4					4

FIND THE NUMBERS
Puzzle # 81

		3					3							
			8				8	8			0			2
				0			4	0			7			4
					7		2		0	1	9			0
		3	4	4	1	1		4		4	4			0
							9		1		7	9		3
2	7	4	1	4	8	9	4	7	4	1	4	9	4	4
						9	3	8	0		8		8	8
						4	0	0	4					8
8	4	1	8	8	4	1		1	2	4	7			
	4	7	0	8	8	4	7	5	2	1	8			
						4	3	4	6	4	3	8		
4	3	8	7	4	2	4	1	6	8	7	9	4	3	
8	0	2	0	9	9	0	9	7	0	4	7		8	
		3	8	5	5	4	3	4	8	8				8

FIND THE NUMBERS
Puzzle # 82

		1	4	1	1	4	5	8	4	1	3			9
	4	1	1	0	6	3	7	4	5			3		0
4	8	0	4	7	3	4	1	4	3			8		2
1		4	6	3	8	7	1	3	4	7	8	3		0
5	1	1		3							5	4		8
4		0			4						4	2		2
7	4	6	7			4					7	8		0
9		4		4	3	4	2	2	0	8	9	1	4	7
7		4	5		8			3			2	4		4
4		3		4		4			4		7	8		0
4				5		7			4	0				8
0			7	4	7	4	4	8	2	8	7	2	1	4
1	8	1	4	7	9	4	7	0	1	1	1	6		
		0	8	3	6	8	7	4	0	8	4			
		1	0	4	4	7	4	1	0	1	8			

FIND THE NUMBERS
Puzzle # 83

	2	8	3	3	4	7	0	3	4	8	7	4		
6	0	1	4	3	4	7	8	4						
	9	4	3	4	7	8	4	8	7	4	0	7	4	1
	4												1	
	1	2	1	4	3	7	8	7	4	4	0	1	0	
	4		0	7	4	7	7	4	6	2	0	8		
	1		9	5								3	5	
				0	4							4	0	
						7	2				7	4	7	2
			5			7	0				0			4
			0			9	8	1			3			7
			2				8	7	1		3			7
			1						1	2	0			8
			7	4	3	3	0	3	0	8	8	8	0	2
											0			0

FIND THE NUMBERS
Puzzle # 84

				8	2	8	2	4	3	4	2	4		5
7	8	0	1	0	2	1	0	2						7
8		3	4	8	9	8	8	4	5	2	4	2		4
8			4	4	7	0	9	0	7	4	9	8	1	8
9					7		4		0					8
4					0	9		7		2				2
7						7	4		9		4			8
4	6	4	1	4	8	1	2		8		7			
							4	4		8		9		
4	7	5	0	7	6	4	4	6	4		2		0	
						7	8	8	1	6	3	4		2
			8	2	8	9	8	8	9	0	9	8	7	
	7	0	2	0	3	8	9	8	4	8				2

FIND THE NUMBERS
Puzzle # 85

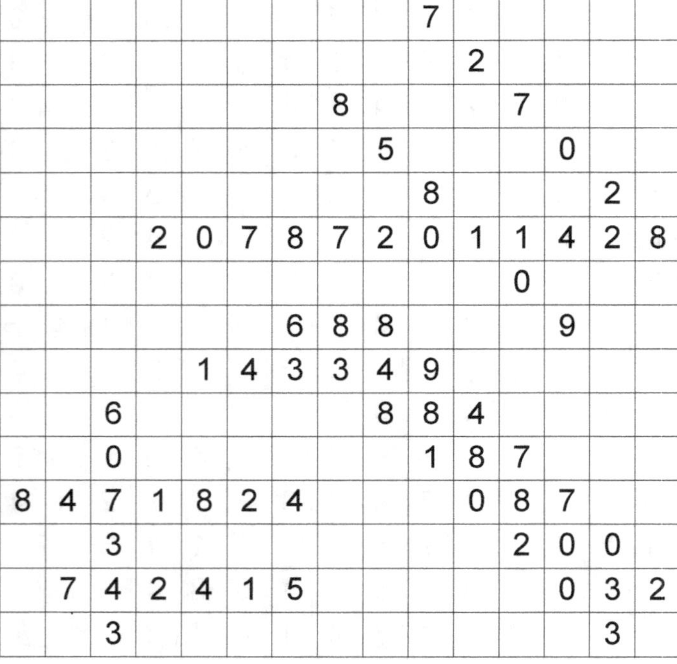

								7					
									2				
						8				7			
							5				0		
								8				2	
		2	0	7	8	7	2	0	1	1	4	2	8
										0			
					6	8	8				9		
			1	4	3	3	4	9					
		6					8	8	4				
		0						1	8	7			
8	4	7	1	8	2	4			0	8	7		
		3								2	0	0	
	7	4	2	4	1	5					0	3	2
		3										3	

FIND THE NUMBERS
Puzzle # 86

	0	7	8	4	1	1	4	1						
8		8	5	7	0	2	3	3	4	1	4	8		0
3				7										8
4		1			4									3
2			4			6								6
2			5			5								3
7			2	8	3	3	4	7	4	1	1	0		4
8			0			0	4	3	8	2	8	0	9	5
9			8			5				3				9
4			9					0			2			0
			1							7		4		3
		7	4	3	3	0	4	1	5					4
		8	9	4	5	8	8	8	9	4	7	8		

FIND THE NUMBERS
Puzzle # 87

	3		3	4	8	9	0	8	8	1	0	3	4	5
	9	3	0	8	3	4	2	1	0	8		2		
4	4		4			8	9	0	3	8	4			
	9	3	4	7	0	7	4	5	2	4	9	3	4	2
		0	3		0	8					2			
		9	9	4	4	1	8					4		
			0	3	2	3		6		1		7		
				2	4	8	3		7		7	9		
				0	2	4	4		9		8			
					4	0	7	0		7	8	0		
					9	7	2	3		4		8		
7	4	9	4	2	0	7	0	5	9	4	8		0	
7	4	5	7	8	5	4			8	3	2			3
5	4	3	0	1	8	5	0	9	8	4	3		8	
2	8	8	1	0	3	4	9	4	1	4	5	8		3

FIND THE NUMBERS
Puzzle # 88

			3	8	0	6	3	4	8	9	8	2		
			8	8	8	4	3	6	0	8	3			
7	4	1	4	2		7	4	6	0	8	4	3	1	
	4	1	0	5	0	3	4	8	9	7	4	8	8	0
7		0	1	2	0	7	4	6	8	1	4	7	4	
4	3		1	0	8	7	3	2	8			5	8	
8	8	4		9	2	3	4	8	8	2			8	3
5	0		8	7	7	8	8	7	0	5	4		4	5
8	7			4		2	3	1	9	2	8	3		0
9	6			9			0	8	2	4		4		8
0	8	9	3	4	2	4	3	7	1		2		7	8
1	2	2	7	7	4	3	8	2	4	2		4		4
8	0		4	7	0	3	4	7	4	2			7	3
5	1	4	8	8	4	3	0	8	2	8	3	8	1	2
4		4	8	4	3	6	0	8	3	7	4	3	0	1

FIND THE NUMBERS
Puzzle # 89

		4	2	1	4	8	4	1	4			2	2	
		4	1	1	4	0	7	2		2	2	1	7	
2		2		1	4					7	4	4	4	2
7	7	2	4		0	0				8	2	0	8	4
8	4	0	0	7	4	5	7			1	0	3	8	0
4	2	1	7	7	9	1	7	1		3	7	8	1	7
5	7	2	3	2	4	0	3	4	4	8	3	1	4	0
1	0	1		8	8	5	8	0	4	8	1	4	2	6
4	5	4			3	3	0	3	4	7	4		4	4
	8				3	6	1	1	1	2			1	4
	1		2	0	8	0	0	1	1	4	2		4	0
	4	1	7	4	1	4	1	2	4	4			7	8
		4	1	8	0	4	8	9	0	0	2	9	1	
		2	1	0	2	8	8	1	4			1	4	
		4	1	8	8	4	1	4	7	0	2	4		

FIND THE NUMBERS
Puzzle # 90

	9	7		4	9	8	8	7	2	4	9	3	4	2
	7		0			7	8	4	7	4	3	8	9	4
2	4		3	3	7	8	6	7	1	0	3	3	4	7
0	2	2		0	6		8							
9	0		3	4	2	4	3	6	3	8	3	3	8	5
2	2			0		3	7			0				
7	2			7		4	6		0					
2	4					4		7	0		7			
4							1		8	2			0	
3	4	5	4	3	4	9	7	8	3		4			3
8	8	4	7	5	3	4	7	0	1	4	5	8		
			4	8	6	7	9	1	4	1	4	2		
0	4	4	1	4	1	6	3	0	9		3			
			8	0	4	7	3	3	0	3	0	8		
		5	0	8	8	4	3	6	4	7	8			

FIND THE NUMBERS
Puzzle # 91

8	4	8	0	1	0	9	1	0	4	3	2	4	3	
7	0	0	6	0	9		9	7	4	6	7	4	0	9
	8	7	8	0	7	2	9	4	0	7	0	2		
	4		6	3	3	9				7			8	8
5	0	2	1	3	7	6	1			4			7	4
0	5	1	4	2	8	0	8	4		4			0	2
1	0	8	0	7	4	2	0	9	1	1			3	0
1	8	3		8	3	1	8	2	4	4			9	7
8	9	2			2	5	9	7	0	7	8		4	8
2	2	4				4	7	8	4	5	8	4	9	9
2	7	1					8	0	0	3			4	4
4	4	3	4	8	9	0	1	5	4	3	4		2	7
7	3	0	5	7	4	7	8	1	8	9	8	4	3	
0			3	4	5	7	4	8	8	8	4	3	7	
8				4	1	1	8	9	7	4	1	3	4	2

FIND THE NUMBERS
Puzzle # 92

			0			4									
				9		7									
3					8	6									
	4					0									
		8				1	9								
9			2			1									
4				0		4	0								
2		4	5	4	7	9	0	3	8	3	0	3			
0	0					1		8							
7		1					4			2					
4			8					1			8				
1				7					4			8			
8	4	3	4	8	2	0	3	8	1	2	3	8	5		
4	3	0	7	4	1	4	3	4	1	5					
1							2								

FIND THE NUMBERS
Puzzle # 93

3	4	7	2	3	4	7	3	3	0	8			
	1				4								
	1			8		8							
	4				3		9						6
4	8		2	5		0		2					0
	8			0	7		6		0				7
8	8	8			2	4		9					3
0	3		0			5	8	8	7				4
3	6			3			6	7	7	8			3
5	8	2	4	1	3	8	0	7	5	7	0		7
8									4	7	8	6	4
1										0	0	3	8
1											3	8	4
4												3	9
3													

FIND THE NUMBERS
Puzzle # 94

	7							3						
		4					4		0	3				
7			9	7				7		2	4			
	4				4	4				4		0	0	
2		9			2	8				8		6	9	
	0		1		4	2					8		4	7
		8	3	4	8	9	7	0	2	9	8	4	3	
			0		7			0	4				3	
				0		8			1					
					1									
			9	8	8	9	3	4	8	2	8			
							4							
				0	3	3	4	7	6	7	4	0	3	3

FIND THE NUMBERS
Puzzle # 95

	7	4	9	0	2	6	3	8	1	8	1			
		8	7	9	4	7	0	5	0	3	2			
			7	9	6				3		4			
		8		8	8	4		5	8	7	8	7	4	2
	5		4	2	1	4	3		8	0	8	4	9	
8	7		8	7	4	4	8	2	2		8			
4	4			0	1	4	7	7	8		0			
2	5		7	2	3	0	7	1	5	9	7			
4	7	2			8	3	6	1	7	7				
3	4	0				7	9	4		6	0			8
3	9	8					3	8	3			8	8	0
0		9		1	4	0	3	0	2	2	8		7	1
3	0	4	7	1	6	3	8	1	8	1		7		8
0		7	4	9	0	8	3	4	2				1	4
2	9	4	0	2	7	4	7	4	2	4	4	3	4	7

FIND THE NUMBERS
Puzzle # 96

					3	8	9	8	0	0			
	4	1	5	0	8	4							
	2	4	8	6	0	8	9	4	2	8	9	4	
1							6						
7			7	4	0	8	9	4	3				
4	0	3	4	3	0	8	0	5			8		5
2	1			3	0	2	4	1	1	0	1	4	
3		1				0		4	2	8	8	7	5
8		0	8				1					9	0
1		7		7			8	7	1	8	3	6	2
8		4			0		4	3	0	1	5		4
1		3			2				6			7	
1		4	3	0	1	1	0	8				9	
4			4	4	3	3	8	0	2	2		7	
		6	7	0	3	3	5	7	0	8	7	8	4

FIND THE NUMBERS
Puzzle # 97

			6	4	9	4	0	9						9
		4	1	8	1	3	4	0	3					7
9	7	4	2	4	3	9	0	7	8	3	6			4
	3		9	0	3		8	3	7	8	1	4	7	9
0	2	8	2	8	1	4	3	4	7	2	8	8	9	7
9	8		4	0	8	5	4		7	0				8
7	8	3		9	7	4	9	2		2	2			3
4	4	2	6		8	7	6	4	4		4	0		6
8	7		7	0		3	8	7	8	1		8	1	
7	4			4	4		4	4	4	0	1		5	0
8					0	3		0		9	6	0		
3						2	6		3		1	0	7	
8				9	7	4	1	0	1	0	3	4	4	0
3			3	4	8	8	1	0	5	4	7		5	
6		3	0	2	5	4	4	8	0	4	7	5		

FIND THE NUMBERS
Puzzle # 98

		3				4								
			0				4							
				2		5		0						
			7		0		8		3					
		0		4		4		7	9	4	1	4	2	4
			3		9		9		0		2			
2				3		0		4		3				
	0				4		4		8		7			
		2			2			9	9	4	0	0	5	8
	0	7	0	1	4	5	0	2	3	0	2	8	0	2
				2				3		0	6	7		
		7	4	9	9	4	9	3	0	8	6	0	0	
	7	9	4	1	8								0	2
														7

FIND THE NUMBERS
Puzzle # 99

		6	4	4	3	3	0	9	0	7	4	3		
6	4	1	1	0	8	2	0	3	4	3	0	1	4	7
7	3		9	3	4	2	8	7	7	4	2			
0	1	8	2	8	9	0	9	8	2	4				
3	9	0	2	2	9	5	5							4
8	7	2	5	0	8	0	0	0						1
0	7		7	9	4	8	1	1	7					4
3	8			4	7	1	4	8	5	0				7
9	1			3	4	6	1	3	1	8	3			9
	1	2				7	8	8	8	0	1	8		4
	4		7				5	1	8	5	9	1	8	4
	3			8				0	4	8	5	8	4	4
4	0	5	7	4	7	8	2		1	3	5	0	4	3
	4	2	8	9	0	5	2	8	8			0	7	3
8	8	4	3	1	0	5	4	4	9				1	

FIND THE NUMBERS
Puzzle # 100

					8	1	4	9	0	8	3			
						0				8				
						3	6		1			0		
							8	3	3			2		
								1	4			0		
	7								4	5	2	8		
	2	0	1	1	4	7	6			1	8	7		
			0	3						9	0			
				3	4					2		7		
				4	9					7				
					1	5				4				
						4	0			1				
							4			1				
						3	0	2	6	7	4	1		

FIND THE NUMBERS
Puzzle # 101

1				4	9	8	8	4	5	2	4	5		9
	7			2	4	2	5	1	0	2	4	3	2	4
8	7	0	0	6	7	9	8	3	4	8	8			0
	8		6	3	4	8	8	8	4	8	8	4	5	1
4		4		6	2									4
8	2		3	3	8	8	7	4	3	4	8	9	4	0
3		3		1		3	8	4						8
4		0	0		0		6	8	9					4
9			8	6		5		3	8	8				
9	8	4	2	3	4	2	9		8	8	3			
8					0	7		8		4	2	0		
3						2	7		0		1	7	1	
4							4	0		4			0	
8								6			1			3
8						4	2	3	4	1	4	8	3	8

FIND THE NUMBERS
Puzzle # 102

		8									7			
		6	0	1	1	1	1	0	3	3	4	7	3	
				4	8						0		8	
		8			7	6					7		0	
		7	0			2	3	8			9		5	
		0	4	6			3	0	3				7	
		7	2	3	0	0		0	1	8	1	4	7	
		4	3	0	0	7	7		5		4		0	
		9		8	9	1	5	4				1	6	
		7			3	2	1	4	9				2	
		7	0	8	3	3	4	4	8	4				
7	2	0	2	4	9	8	4	7		4	7			
0	4	7	2	0	7	9		5			4	8		
						3	4	4	1	5	8			
			8	4	8	7	4	9	7	0				

FIND THE NUMBERS
Puzzle # 103

							8				
		8			1	0	6	0	8	9	0
		5	4		3		1				
		0		1		7		1			
		3			9		0		8		
		8	6			7		5		7	
		4	4			0		4		4	
		1	3			9		4			6
0			8	4	8			0		1	
	1		3		5	7			4		
		4			7	7				8	
	4	7	0	3	6	0	9	0	3		
			8				3				
					7	4	6	8	9		

FIND THE NUMBERS
Puzzle # 104

0			3	5		4	5							2
9	1	3		7	0	4	1	0						0
0	4	4	0	4	4	0	4	0	4	7				1
7	1	0	3	4	1	0	1	1	2	7	0			0
3	8		2	0	7	2	2	4	7	7	5	2		2
5	0	9	3	4	4	8	7	8	1	4	6	0	0	0
8	3		7		4	6	8	8	8	0	1	8	8	4
0	0		8	0	4	7	3	4	2	4	4	4	7	8
4	2		1		4	0	5	8	2		7	1	1	
8	9	7	4	4	9	2	2		7	2		5		2
	5	2	0	7	9	8	3	4		1	0		3	
4	0	2	1	1	4	9		8						4
5	0	7	0	8	3	6	1	4	9	0				
3	0	4	7	4	2	8	1	7	4	8	0			
8	3	9	4	7	8	4	2	9	8	4	3	2		

FIND THE NUMBERS
Puzzle # 105

8				4				3	4	9	8	8	1	
4	4				1				4	0	8	7	9	8
	9	8				4	8	0	5	4	7			
8		0	2	6			3		9	7	7	4	2	3
2			9	0	3	4	4	8	3					
0			8	8	2	8	8	9	3	4				
9				4	9	8	9	3	8	6	1			
9		8			3	8	1	5	4	0		1		8
4			4	7		4	4	4	8	2	6		0	3
7	4	5	0	6	4		1	3	3	1	3	8		2
4					3	5		7				8	3	1
3						0	7		4					8
							9	4		0				3
4	2	8	5	8	7	2	0	8	1		0			4
8	0	4	4	9	7	6	8	7		4		8		

FIND THE NUMBERS
Puzzle # 106

	5	5	9		5	7	8	3	2	8	5	1	4	8
	8		0	7		0	6	7	4	4	2	4	3	9
	4			7	4	3	4	1	0	9	4			0
	2		4		2	5		7						5
	7			3				7	4	7	2			5
0	4				9	4	0	7	4	7	0	3	6	4
3	1				4	1	8	1	8	0				
8	4						7	4	4		3	5		
1	6	5		8	6	3	8	3	7	0	4	0	8	
4	8	8	4	6	2	4	3	9	0	8			9	3
7	8	8		7	4	5	1	4	6	1	9			
8	9	4			0				4			3		
8	5	7	8	1	0	9	4						4	
9		1	5	7	4	9	4	6	7	0	5	7	4	7
4		4				4	8	7	0	3	4	2	8	

FIND THE NUMBERS
Puzzle # 107

6	1													
	8													
	5	7	7											
	0		0	4	9	4	4	4	2					
	7	3		5	6	6								
	3		3		5	3	4	1	5	7	8	3		
9	8	1	1	0	7	4	0	7	9					
					5			1	8					
								6	1		8			
					5				4		1	7		
				4	4	0	3	4	2	7			0	
					1	0							7	
					7			0					0	
					0			3						
							8	0	7	1	0	2		

FIND THE NUMBERS
Puzzle # 108

1	4	2	4	7	0	5	9	4	3					
7		1	0	0	4	7	0	7	7	8	4	9		
4	9				0	5	3					3		
2		3				1	0	0				4		
4			8	6			3	7	4				4	7
1	8	6	2	4	4	3	8	4	0	7			7	4
7					5	1			8	3	8		1	1
4					4	6			3	0	1	0	4	
2		9	8	0	4	4	9	8	2	0	4	2	1	8
3	4	2	0	3	3	0		4	1			1	1	3
	5	0	7	0	4	3	9	7	4				4	7
		8	3	4	0	3	9	4	4	5	0	4	4	
1	4	7	3	4	7	7	4	0	9	4	2			2
	6	7	4	0	5	8	8	9	4					0
		5	5	0	1	1	8	6	3	8	0			

FIND THE NUMBERS
Puzzle # 109

				3										
2	4	2	5	1	4	2	4	3	9	0	7	4		
9	4	5				9								
	3	2	8				9							
		4	5	7			8							
			2	0	8		2	4	2	5	1	4	9	4
	2			9	8	3				2				
		0			8	8	4				4			
			1			2	8	8				2		
				3			2	4	3					
				2	4	2	2	4	3	0	1	8	9	4
						2			2	0	5			
							2					9	2	
3	4	8	8	8	0	5	2	4	2				4	4
	3	4	8	3	0	5	2	4	2					2

FIND THE NUMBERS
Puzzle # 110

0	5	5	1	4	8	9	7	0	2	1	4	7	7	4
2	4	2	4	3	0	9	4	7	0	3	6	4	8	
					0	1	4	2	0	3	4			
								2				2		
		7			0	8	2	8	8				4	
1			2							7				1
	1	8	2	0	3	9	0	1	4	0	5	4		
		0	2	8	4	8	8	0	3	0	3	0	1	5
			4	0	4	5	4	4						0
				1	1	5		4	8					5
9	8	0	7	5	4	5	0	7	6	7				0
						7		7		3	7			4
				5	4	0	7	8	6		0	4		0
0	0	2	6	0	0	9	8	4				2	7	
		5	8	3	4	0	5	5	1	4	8			2

FIND THE NUMBERS
Puzzle # 111

7	4	0	1	9	7	4				3				7
8		9	9	3	4	0	6	4	1	4	2	4		0
1	0	4	8					9	8	8	2			3
1	0	4	3	8		2			4	4	3	5		8
	4	5	1	2	8		8		1	7	3	4		0
6	4	1	4	0	7	0		2	8	1	5	2		3
7	4	1	8	5	1	0	6		0	8	0	4		9
0		1	0	3	4	0	3	3	1	3	1	7	6	
2			4	9	6	7	5	9	4	6	4	4	1	
8			4	1	4	2	9	7	8	2			3	4
4				1	3				3				7	
0			3	4	7	8	5	8	3	8	6		8	
8	9	0	1	8	1	0	3	9	3	4	8	8	4	5
	9	3	4	8	4	7	5	6						0
			1	8	1	4	7	0	9	4	3	8		

FIND THE NUMBERS
Puzzle # 112

	0		3	8	6	7	9	2	4	0	7	9		
	4	2	6	0	0	3	9	0	2	1	4	0	5	
	7	4		2										
8			9	4	5	7	0	2	3	3	4	7		
	7		7	7	3		4	6						
		4		4	0	1		1	3					
		4		3	9	8		4	0					
		7	4		8	8	6		6	2				
	3	4	2	9	4	7	2	7	4	2	5			
			8		9		9						0	8
	9	7	4	0	9	4	0	2	7		8			2
9	7	4	8	8	2	5	8	4	3	8	6		3	
								4		8		6		
8	1	7	8	6	3	4	3	1	4	6	3		3	
	8	4	8	9	4	1	8	2	0	5				0

FIND THE NUMBERS
Puzzle # 113

3	7	8	9	9	8	3	6	4	7			1		6
	4				7	4	1	6	0	7		0		7
		1				4		8				7		0
9	4	3	8	2		3	8	3	8			8		3
			4	1		7	2	1	4	2		2		3
2	2			4	8		8	4	0	2	0	4		5
4	8	8			1	1		1	9	1	2	7		4
8	1	2	1	4	6	7	0	5	1	8	0	4	2	7
9	1	0	7	9			0	0		8	4	2	1	0
7	8	7		2	4			7	4		1	2		8
4	8	5		1	0	3	6	3	4	3		4	0	
5	9	4	8	1	1	4	1	2	4	1			7	9
4	4	9		3	4	7	1	4	7					4
	3	4			1	0	1	1	4	4	2	8	9	4
		3			4	0	0	1	0	2	4	7		

FIND THE NUMBERS
Puzzle # 114

	8	6	3	8	7	4	3	8	3					7
		0		9	0	4	1	4	8	0	4	7		0
	3		3			2	0	8	9	4	3			3
		4	8	0	8		5	1	8	3	9	7	8	1
		1	5	4	7	3	4	0	9	2	0	7	1	4
	9	3	4	5	1	7	3	4	0	9	1	8	4	2
3	7	8		1	8	1	8	4	1	7	4	2	4	0
8	4	8	4		1	1	0	4	9			4	4	8
9	2	9	1	8		0	2		7			7	2	0
8	0	4	5	4	3		7			5		3	1	
7	1	8		8	4	8	4	3			2		6	4
7	8	9			1	0	9				1	7	7	
0	3	4			8	2	8	3	4	8	1	0	8	
5	6	7	5	8	8	4	8	4	0			8	8	
8	8	0	1	0	9	8	2					8		7

FIND THE NUMBERS
Puzzle # 115

		3	0	1	0	7	2	9	4	7	5			
		0	3	0	8	9	0	7	3	0	1			
		1	0	3	5	7	0	8						
	5	0	0	2	7	4	3	6						
	7	2	0	7	5	0	1	4	8	3	0	1		
	0		1	0	3	6	0	4	0					
	9		1											
	9		4											
	7			3	0	3	0	1	8	0	7	2		
	0		6											
	4													
	0													

FIND THE NUMBERS
Puzzle # 116

							0							
		2						4				7		
	2	0							5			4		
		7				1			0	9		0		
		2	4	4	5	5	4	2	9		0	2		
		7	7	7				5	9			4		
		8	1	0	1	0	6	7	0	3	4	0	6	
	9				4	0				1		8		
		0				0	1				0			
			7				0	4				5		
				8				7	0					
					3				2					
		0	4	2	7	0	7	8	9	0	5			

FIND THE NUMBERS
Puzzle # 117

2	4	7	2	8	8		9	7	4	0	9	8	7	0
	8	7	4	2	7	4	2							
		8	4	3	0	5	0	7	0	9	9			9
9							2	7				0	9	0
0	2	4	3	4	8			0	0			5	8	7
0				2		4	8		2	7		5	1	8
3				8		1	7			4	1	0	4	0
0	8	8			0		4	8			8	0	7	8
2	3	8	0				7		0	1		7	8	
7		7	3	2				0		2	4	8	0	2
8			4	4	2			0		8	7	8		
3	4	7	4	2	3	4	7	2	8	7	8	0		
	2				8		9				8	1		
			7					7				4		
		7	4	2	3	0	9					2		

FIND THE NUMBERS
Puzzle # 118

	1	8	7	2	7	4	3	0	2	8	3	4	7	8
	3	2	0	7	4	5	0	1	1	4				0
	8		0	0	3	1	8	8	0	1	1	4	2	
	5		3	3	9			4		9				5
	3	4	3	8	0	9	7	4	2	8	0	4		1
2	2	2		9	1		4			5	2	2	4	
0	0	9			4				5	8	8	4	7	2
7	6			5				3		0	8			
8	3	0	8	2	4	7	9	0	8	3	4	3		1
4	8	4	1	1	0	2	8	9	8	7	2	3		
0	5		4	5	5	8	2	0	2	4				
8	4			4	3	8	2	7	4	9	4	3		
1	4	5	5	4	2	9	8	1	4	3	4	8	8	
4	9	8	8	4	8	7	0	2	4	7	4	3	4	7
9	3	4	2	4	7	0	1	2	1	4	8	4	1	4

FIND THE NUMBERS
Puzzle # 119

					3	0	8	3	0	3	0	2		
				0	4	4	7	6	2					
	2				0			1	4	1	6	8	0	3
	4	0			7			7	7	7			8	4
	3		1		2			8	8		2		5	7
	6	0		0	4	7		9	2			0	0	2
7	1		8		3			0	8	0			3	4
4	8			1	8	0			8	3			8	6
2	8			0	5	8	7	8	0				8	8
0	7				3	7		1	8	8	4		7	0
3	8				4	9		0	8	0	7			3
8	2		2	7	8	3	4	8	4	9	3	3	4	
0	8	2	4	3	8	2	0	3	0		8	4		0
3	8				7					0		2		
	8	6	0	0	9	4	2	0	1	0	3			8

FIND THE NUMBERS
Puzzle # 120

	8							4	2	8	0	1	0	9
	0			3		3	8	9	4	1	1	4	3	
	8	9			4	1	8							
	7	9	8			8	4	0						
	8		4	0			6	7	6					
7	4	8		1	7	9		0	7	8				
9	2	4	7	0	1	5	0		8	8				
4	4	0	0	4	2	0	7	2	2	0	0			
1		1	1	8	1	4	0	0	4		7	6		8
1			5	4	8	5	8	7	9	1		3	8	9
4				8	6	7	5	5	9	8	4			8
7				7	0	2	8	0	4			1	1	
4					9	7	4	2	9	8			1	9
3	9	8	7	0	2	8	8	0	4	9		8		4
4	4	3	4	2	4	0	0	8	9	7				3

FIND THE NUMBERS
Puzzle # 121

4		2		7	4	8	1	4	5	9	3	4	2	4
5	9		4			7		3	1	4	2	3	8	1
7		8		1		2	6		4					4
4			2		0		7	8		8				2
1		7	2	0	1	2		4	4		0			5
8			0	4	2	8	1	0	4	1		2		8
3	3	4		7	3	4	8	8	0	4	0		0	0
4		3	1	8	7	2	7	2	0	8	3	7	1	9
3		5	4	1	0	8	4	0	0		9	3	1	
2	7	8		2	8	1	8	7	1	7		8	0	
4		4		2	7	1	2	1	3	0	2		3	
		7	1		4	2	7	0	0		4	0	4	
		7		4		1	8	8	1	7				
		4			3		0	7	0	4	6			
				2	0	7	8	4	3	2	8	9	4	

FIND THE NUMBERS
Puzzle # 122

4														
	6					5	8	3	4	0	5	5	1	4
		0										4		
	1		8			3						5		
		1		0			4					5		
			0		0			2				4		
				2		8			0			7		
					0		2			1		4		
8	4	4	9	0	2	4	9	4				3		
							1		4			8		
							8			7		4		
									1		7	3		
	6	7	4	4	3	5	4	5	5	4	7	8		
												8		0
														2

FIND THE NUMBERS
Puzzle # 123

0	7	1	4	1	8	7	0	8	4	8				
	3		2	8	4	8	9	8	3	8	1	7	4	2
		4	7	0	8	7	0	1	0	2				
5	0		2	4	3	8	9	3	4	8	9	0	5	3
4	0	8		8	4	3	4							8
1		9	5	8	0	0	8	2						0
1			7	7	4	8	2	3	4					1
0				4	0	0	9	4	8	2	2	0	3	4
6					6	7	6	3	7	0				9
7						4	1	0	4	2	8			4
0							3	8	4	2	8	8		8
2	0	9	0	9	8	4	3	8	1	1	1		8	
					8	7	4	3	7	4	8	8	3	
	8	8	9	8	9	9	4	1	6	8	5	4	0	
			2	0	7	0	5	8	2	1	0	5		

FIND THE NUMBERS
Puzzle # 124

			0		2	5	0	7	0	1	4	8	8	8
			8			1						3		
			5				0	4	7	7	7	0	8	3
			7		9	8	5	2	0	7	2	0		
			4		3	0			2			8	5	
			3			0	0			4		4	1	
3	4	1	8	7	8	0	2	3			8	0	0	
			0				1	3				0	0	
			9	3		8	8	4	3	8	5	5	8	3
			8		4					4	2		3	3
			4			2					8	4	6	
			3				8					8	7	
1	0	7	3	8	3	6	5	0	8	3	8		0	
	2	4	3	1	0	1	8	8	4	3	8		8	
							7	4	0	3	0	2	7	4

FIND THE NUMBERS
Puzzle # 125

	5											
	7	3		4	2							
		4	4		6	8						
1				5	8		4	3				7
	0				8	9		5	0			8
		2			9	1	0		9	6		4
	0	2	0	3	4	8	5	4	7	2		7
			3			8	0	2		1	4	4
			8	8		4	0	4		4		6
				7			5	1	8		6	1
				4	9			2	5	8		4
			1	8	3	9	4	1		0	0	5
				0							9	7
				6							0	8
				4								3

FIND THE NUMBERS
Puzzle # 126

1	4	7	0	0	1	4	0	1	4	0	7	7	4	2
4	9		4		1	7	4	7	1	0	1	8	8	9
2	8	4	2	8		4	9	7	4	2	6	0	2	2
4	3		4	8	4		1		7	2				4
3	2	1	3	1	1	2		0	0		0			4
1	9		8		8	0	0	8	6			9		3
0	0		2	8	2	7	2	7	4	4			8	8
1	7		8		0	7	0	8	4	2	2			2
2	4		3			1	0	5	3			8	4	
	4	3	0	6	4	7	4	2		0			5	7
		1	4	4	7	5	2	4	2	9			8	9
		2	0	7	4	9	7	0	2		4			
	6	3	8	3	4	8	0	4	8	8		1		
0	3	4	1	7	4	1	5	4	3	3	4	1		
						5	1	0	3	9		4		

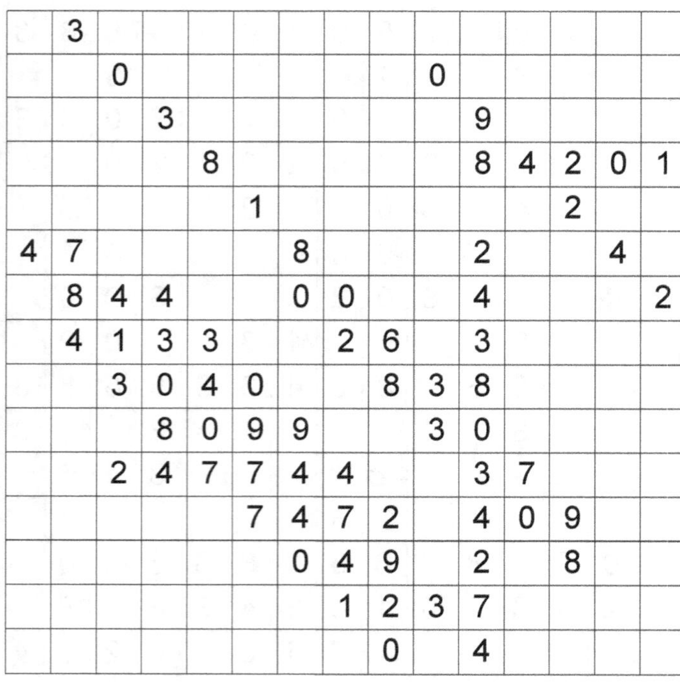

FIND THE NUMBERS
Puzzle # 127

	3													
		0						0						
			3							9				
				8						8	4	2	0	1
					1							2		
4	7					8				2			4	
	8	4	4			0	0			4				2
	4	1	3	3			2	6		3				
		3	0	4	0			8	3	8				
		8	0	9	9				3	0				
		2	4	7	7	4	4			3	7			
					7	4	7	2		4	0	9		
						0	4	9		2		8		
							1	2	3	7				
							0			4				

FIND THE NUMBERS
Puzzle # 128

			3	0	2	7	8	7	0	3	3			
2				3	0	2	7	4	1	4	3			
0	4	4	1	3	4	4	5	6	4	3	1	1	0	1
	8	7	4	9	3	8	4	5	3	5	9	8	5	8
6		7	6		5	4	3	9	4	7	7	8	4	7
7			4	8	1	1	4	2	7	4	3	7	4	1
4	1			3	3	0	4	7	9	4	8	8	0	1
4	0	5	6	7	0	3	7	4	0	3	3			
7	1		8		4	1	6	0	4	1				
4	7		5	1	0	8	4	3	9	8				
0	0		0			2	7	4	2	2	7	4	2	
3	3		3			2	7	8	7	0	0	7	0	0
3	4		8		3	0	8	9	0	2	1	0	3	
	7		4	4	3	0	3	9	0	4	7	6		
		1	1	4	4	3	7	4	0	3	3			

FIND THE NUMBERS
Puzzle # 129

		2	4	7	9	0	8	3	9	4	1	3	4	
		3	4	8	8	8	0	5	2	4	2			
		0	6	6	7	0	1	0	9	8	4	3	2	
0	2	4	3	5	8	3	4	3	2	4			4	
	5		4			2	4	3	4	7	4	1	3	2
4		5	3	2	3	8	8	1	8	0	4		9	0
	7		4	4	3	7	2	4	0	7	0	6	4	7
0		8		2	8	0	3	6	0	8	8	7	3	8
3	3		8		9	9	9						9	4
4	3	3		4		8	2	5	9				2	8
1	8		8		3	4	4	0	4	0			4	8
8	8		7	4	6	3	0	3	7	2	4		3	9
6	2	2	0	0	9	8	4	3		9	2	5	9	4
7	0				4					9	0	4		
9	4		3	4	8	8	0	5	3	4	2	0		3

FIND THE NUMBERS
Puzzle # 130

		8	4	2	0	6	2	8	5	2	4	1	4	
				8										
4	2				6				4			5		
	4	4	6			4				9		0		
		3	1	3			1				9	6		
	5		7	3	8	4			4				4	
	9			0	8	3	2		2			0	7	
8	0			2	4	3	3	8	9	8	4	3	8	5
7	7					9	0	4	4			9		
4	2							5	1	1		7		
2	8									8	2	4		
8	6											8		
7	0												2	
4	3													8
4														

FIND THE NUMBERS
Puzzle # 131

	4		4		3	8	8	5	0	7	8	9	4	
3		6		4	4	8								
8		7	0	6	3	9	8							
8			4	7	3	8	0	2						
5	3	8	3	3	0	8	8	7	8					3
0		8	4	8	7	5	8	3	0	8				8
7			8	8	8	4	8	8		5	8			8
8			4	8	4	8	8	8		8	8			4
9			1	2	8	7	8	3	2		8	1	1	
8			4		3	2	3	3		8		3	4	
4			4			4	8	4			8		4	
8							3	8	7			3	4	
3	4	9	3	4	8	7	4	8	8	3	8			3
		3	2	4	8	8	3							
			6	3	8	6	0	7	0	5	8	8	3	

FIND THE NUMBERS
Puzzle # 132

			7											
		1	4	4	5	0	7	3						
				7	3			7						
			6	2	0	3	0	9	4	4				
	7		9	7		4	4			6				
0	3	3	0	5	3	4		1	2			8		
				9		0	4		7					9
			4		7	2		0						
					4		5	4	4	1	0	7	2	
					7		4	1		4				
					2		1	5		5				
							4							

FIND THE NUMBERS
Puzzle # 133

	8	7	4	3	3	8	8			5	7	0	8	9
3		7								2	0	9	4	7
	4		4										8	8
		8	9	5	5	0	7	2	1				9	6
3			9	7	5	5		8	1				7	7
	4			0	6	4	7		4				4	9
3		9	9	2	6	8	2	4	8	1			0	4
	4		3	0	4	4	1	8	8		8		2	4
		8		0	3	0	7	4	4	5		7	8	0
	3		0		1	6	3	6	3		4		3	8
7	8	8	7	4	5	5	2	8	3			7		
		6		8			4	4	4					
			7				3	1	2					
			9	8	4	9	0	9	8	3	4	2		
	2	8	9	7	4	7								

FIND THE NUMBERS
Puzzle # 134

7	8	0	0	8	4	8	0	4	4	2				5
	8	4	6	6	7	8	0	0	7	4	7	8	4	0
	4	0	3	2	7						1			8
	2	9	0	8	4	0					1			9
2	0		8	0	8	2	5				0			9
4	8			7	1	4	4	4			4			1
3	9				2	1	3	4	0		2			4
3	4					4	0		0	5	7			5
4	7						7	1		8	4			
1	0							7			4			
7	0								4			8	8	
4	8					4	7	7	4	1	4	0	1	1
0	7	3	4	4	9	7	8	7	9	6				
9			4	0	0	2	2	0	4	7	2	4	2	8
7	2	7	8	9	8	2	0	1	0	0	8	7		

FIND THE NUMBERS
Puzzle # 135

8	3	8	3	1	4	0	8	3	6	4	1	8	1		
7	8	4	3		4	0	9	7	8						
0		4	6	4	4			8							
2	4	0	3	5	8	2		5	4	7	8	4	3	2	
0	7	9	3	8	4	0	3			2					0
3	7	0	8	8	8	4	4	0			4				0
1	6	2	6	3	2	4	7	7	8			3		8	
4	1	3	0	1	0	0	1	4	3	5			6	3	
8		0	8	4	0	5	1	4	1	4	4		7	6	
3			8	8	7	1	4	8	7	6	4	3	0	1	
6			5	7	5		7			0		6	1	4	
					7	0	4			5		2		4	2
		2	4	3	8	4	2	7	0	9	4	3	8	8	
2	8	3	4	3	2	4	2	5	0	3	4		8		
4	6	0	0	6	3	0	1	4					3		

FIND THE NUMBERS
Puzzle # 136

8		9			4	1	9	3	4	8	9	0	5
1	2	4	7	2	8	5	0	1					
8		2	2	0	4	3	4	3					
6		5		0	1	4	9	0	7	1	8	1	
7		9	9		8	0		2					
9		4		3		9	7			0		4	
8		7	5		4			8	8			7	0
3		2		0		9	6	3	4	0	4	7	1
6		7			1		8	3	6	3		3	
		0				1		3	8			4	
3		8	3	3	0	2	4	3	4	1		8	
	0	7						3			5	4	9
	3	4	7	2	0	4	9	7	4	1	0	1	
	3	1										4	
			5	4	7	8	8	7	8	3	6		

FIND THE NUMBERS
Puzzle # 137

	1	4	1	0	0	2	7	4	3	2	0	3	3	
6			3					3	3	0	8	4	6	
3	3			3						4				
	8	0			0						5			
		2	2				9					3		
			3	2									0	
			9	1	0	0	7	4	9	9	8	1		9
	7	2	8	0	0	9	8	0	0					
		5				1	8			0				
		9						1		8				
			8	0	0	1	2	0	0	7	5			
					7					2				
						2				7				
							8			4				

FIND THE NUMBERS
Puzzle # 138

4	8	3	4	1	4	2	4	8	3					
9	7	7	0	5	5	0	0	4	8	3				
				3	3	8	4	0	0	7	9	4		
				4	4	0	4	9	7	0	2	4	8	3
				7	7	3	8	8				3		
				5	3			9	2	8		4		
				0	4			8	7	4		7		
				0	7				9	0	7	1		
				1	3			9		4	4	4		
		3	8	4	0	7	7	9			1	8	8	
	3	8	4	7	0	3	3	4	4			0		3
		3	8	4	8	0	2	2	4	6		2		
				7							7	7		
						1	4	9	3	0	2	7	4	3
	4	8	8	8	4	7	2	8	4	8	3	7	3	

FIND THE NUMBERS
Puzzle # 139

5														
4			8	4	7	4	8	5	2	0	2	0	3	0
7				5	0	2	7	4	5	4	3	8	0	2
9					0	8	7	9	7	4	2	0	7	
0	0			1	4	0	0	2	0	7	3	4	0	
1		2				1	8							
0	0		0			1		7						
2		8		1		0			0					
0		7		1	2				2					8
7	5			4	1	0	6	0			0			4
8	4				1		7					0		3
0	2				4		0						5	4
	0					7		2						2
	4							2						8
	0	8	1	7	4	7	5	0	4					4

FIND THE NUMBERS
Puzzle # 140

			7	8	0	7	3	4	2		2			
3	1	4	0	0	8	4	8	9			4	2	7	
3	4	5	0	9	4			4			3	7	4	
	8	7	4	5	0	4	7		3		8	4	7	8
	2		4							8	9	0	4	5
	0	4	0	3	3	4	4	3			7	9	0	7
8	9		8	4	1	9	9	4	1		8	4	9	0
2	9	4	1	8	9	8	8	8	0	6	2	0	6	8
0	4					2				9				3
5	2	7	0	3	0	8	3	4	8	8				8
5	0	8	0	7	5	0	2	4	1					3
1	4	0	5	1	4	9	9	8	3	6				6
8			8	4	8	7	7	0	2	8	8	2		
3			2	7	8	5	8	5	7	0	4	8		
6	3	4	8	9	0	2	8	5	8	2	2	0	2	

FIND THE NUMBERS
Puzzle # 141

		4	5	4	7	0	2	8	4	3				
7		8	4	3	4	8	2	0	9	8	9	8	3	8
	0		0		3	1	3				3			
	2	7		3	0	4	0	4	0			0		
		8	9	4	4	7	8	3	1	7			9	
			1	3	8	5	3	2	0	4	4			
0		4		8	4	2	4	4	8	1	7	3	8	
	9		9		9		7	2	5	8	8		4	
		3		2	7	0	2	4	7	1	4	7	2	8
			0		4		7		2	0		5	9	
				6		5		4		4	2		4	
		8	0	2	4	9	8		8		2		7	
						7		0	4	1	0	3	4	8
							5						8	
				4	6	0	8	9	3	0	8			

FIND THE NUMBERS
Puzzle # 142

4														
	1													
		9	9		1				5	4	7	9	7	
			8	8		7								
				0	0		8							
			2		2	4		8						
		6		0		2	2		1					
			4	3	3		4	3		0				
				4		1		3	1		3			
				1	1		4			4		4		
				0		4		7			6			
				8			3		7					
	4	4	3	3	4	8		6		0				
				4	3	7	0	4	1	1	4	2		
				6	3	4	6	3	4	1	1	4	2	

FIND THE NUMBERS
Puzzle # 143

	2	4	3	3	8	9	8	4	3	8	3	6		
4	2	3	0	3	8	4	1	0	5	4	7	0	6	4
4	2	4	6	3	8	9	8	4	3					
7		3			1	0	7	4	8	1	0	7	4	1
7			4	1	8	8	8	4	7	6	6	0		
0	3	9	4	2	4	3	4	3	9	4	1	4	7	9
9	3	4	8	8	8	4	7	6	6	0				
8	2		4			4	1	8	9	8	3	6	4	2
2	2	7		1			1	4	6	4	1	4	2	4
		8	4		8	0	7	4	0	8	0	1		
2	4	5	8	3	6	9	2	8	3	4	7	5		
6	4	3	4	9	8	2	5		2	0	9	8	3	6
7	8	8	0	4	0			0	1	0	8	8	1	4
4	1	8	2	8	9	0			3	8	2			
	9	3	4	2	8	4	1	4	3	0				

FIND THE NUMBERS
Puzzle # 144

			1											
0				4		8								
	7		4		3	4	4							
		0		1		9	7	3						
	7		7		5	4	8	0	6					
	4			2		8		1	7	8				
	3		4		7	1	3		1	5	0			
4	4			3		4		7		4	0	7		
	3				0		8		4		8	3	5	
	2	4				8		1		2		4	4	8
	0		7			0		7					0	3
	1		7	4	9	9	4	3	8	4				0
	4		9	4	2	0	9	4	5		7			
	0	9	7	8	2	0	1	0	8	7	4			

FIND THE NUMBERS
Puzzle # 145

		6	3	8	9	1	0	8	4	7				
				6	3	8	7	4	2	4	5			
		8	0	9	4	5	2	8		5	8	1	4	9
3	8	7	4	2	9	8	3	6	1	4	9	0	4	7
	6	7	5		0	2	4	9	4	7	8	8	9	8
6		3	0	0		7			4	0		9		
6	3		8	4	8		7		8	9		4		7
	3	8		9	5	7		4	9	4		4		0
8		8	0		0	5	8	6	8			7		1
	2		1	0	2	7	0	3	3	3		8		1
		5		1	9		4	0	6	8	6	3		8
			0		4			5	7		9	6		3
			1	7	7	7			4	2		0		6
		4	1	8	8	1	0	5	2	8			4	
	6	3	8	1	1	4	5	4	7	5				1

FIND THE NUMBERS
Puzzle # 146

						7	8	0	0	4	1	5	5	0
7	4	0	0	2	3	8	0	7						
0	6	1	5	4	7	2	0	5	7	4	8	9		
2	0		1	4	2	4	3	3	7	4	5			
4	2		2	0										
5	2		4		2	4	5	0	7	6	7	0	4	8
0	8	9	1		4	0	0	2	4	2	0	5	8	0
4	4		4	4	0	7	9	0	4	1	4			1
1	6		3	2	8	9	7	0	8	0	0	8	7	4
			6		4	5			3					7
			0			4	4			0				7
			2				1	5						0
								4	0					5
									7	7				4
2	4	9	7	4	7	8	2	8	1	0	6			

FIND THE NUMBERS
Puzzle # 147

3	4	1	4	7			3	8	3	4	4	7	5	
	3			6			1	0				4		
	4		3		0		0	4	0			3		
	8			4	7	4	1	9	8	4		4		
	2	8		8	9	4	7	0	8	8	3	1		2
1	4		1		8	8	1	3	3	0	4	0		4
	8		0	4	9	1	4	3	4	8	6	1	9	3
	3	9	3	9	5	7	4	1	4	9	8	0		9
	4	4	9	4	1	0	4	5	7	3	0	3	0	6
	8		9	1	8	0	3	5	0	0		1	6	4
				8	4	8	3	0	0	3	7			2
7	0	7	9	5	4	7	3	9	8	3	3	2		4
						1	4	0	0	3	0	0		7
	1	0	0	5	9	8		2	2		3	7		4
			0	0	4	5	4	9	0			8	5	

FIND THE NUMBERS
Puzzle # 148

			3	4	8	8	8	2						
				5	7	4	5	0	7	4	3			
		7				5								
		4				5								
0	3	4	2	1	4	3	6	4	0	1	1	4		
		4	4	1	8	9	0	7	2	0	1	2		
1	2	3	4	9	0	1	8	9	4	2	4			
8			6	7	4	2	8	3	6	3		1		
8				7	1				8			7		
8				4					8			0		
4	7	4	2	0	7	3	8	3	6		8		1	
3						3	8	0	9	7	4	2		
2	8	9	8	0	8	8	0	7	9	3	4			
				4	9	0	1	4	3	3	8			
			5	7	4	3	0	2	9	8	1	4		

FIND THE NUMBERS
Puzzle # 149

	3	4	3	4	8	0	0	7	0	8				
	4		0	1	1	4	8	0	0	7	0	8		
	4	3	8	0	3	8	7	7	4	2	4	1		
	1	7	8		2									4
9	4	4	8	0		0	8	3	4	9	8	0	6	9
4	3	4	3	8	2		8	7	0	3	0	6		7
7	0	8	3	0	0	8	9	0	5	8	9	8	2	3
4	9	0	4		0	3	2		0					8
8	4	0	8			7	3	8		7				4
0	7	7	0				0	0	1		0			1
0	0	0	2						7	1		8		8
7	6	8	7	6	3	4	1	3	8	4	0			0
0	4	8	0	7	0	0	8	8	0	2	9	6		
8	5		8				6	0	0	3	1	4	3	6
	8	3	8	1	4	5	4	3	4	9	8		4	

FIND THE NUMBERS
Puzzle # 150

8		8	4	0	3	7	0	0	6					5
8	0				7	0	1	1	0	3	4			0
4	4	5			0	2								3
1	5	7	1	0	5	3	0	8	5	3	4	2		4
4	4	0	1	8	4	3	3	4	8	3	4	5		2
7	8	4	7	8	7	0	5		9					8
0	9	4	3	8	2	1	0			4				2
3	0		6	8	8	8	3	7			2			4
0	1			8	3	4	4	4	4		2	5		3
8	4	3	4	2	2	7	4		9	3	0		1	9
	2	0	4	7	9	4	4		2	4	0			4
						3	3	5	0		3	2		8
0	8	2	8	9	8	0	9	4	7		9	8		
			2	4	7	2	0	3	3	4			2	
	4	1	1	8	8	3	4	5	4	7	7	8		4

FIND THE NUMBERS
Puzzle # 151

	9	1	8	3	6	0	8	8	9	8	2	8		6
	0	8	9	7	4	3	4	2	4					4
	3	4	8	9	0	5	8	1	8	1	8	2		4
	4	3	4	6	0	4	5	3	4	7	1			6
4	4	6	4	1	4	5	4	7	7	9	3	0		7
4	3	6	4	8	8	1	9	0	2	0	1	0	8	0
	9	6	4	1	9	2	4					7		5
		7	1	1	4	0	8	4				8	0	7
			3	0	4	9	1	4	0			8	7	4
			4	4	3	4	5	0	3	7		9	9	2
				0	1	3	0	4	2	2	2	4	8	8
					7	4		7	6	3	4	7	5	3
		6	4	4	1	4	6	4	2	4	4	4	0	3
							5	4		7			2	4
7	0	2	0	3	8	9	8	4	8		0		9	3

FIND THE NUMBERS
Puzzle # 152

			1	1	4	2	3	4	4	5	8			
4			0	8	9	4	1	4	3	3	4	7		
	2		0	3	4	2	4	3	4					
	5	8	5					8	4	7	8	3	6	0
		8	9	7			0	4	7	5	2	4	3	
0			1	0	8	3	8	2	4	9	8	0	3	0
	8			0	9	2		5						
4		0			9	8	0			4				
0	2		2					1		7				
7	0	3	6	4	1	4	3	8	0		5			
8			8		1	2	4	1	0	2	1	8	3	4
8				0		3							3	
3					6	9	0	1	4	7	4	8	4	0
8	4	1	1	8	9	8	0	7						
0					4	0	0	1	5	2	4	3	8	

FIND THE NUMBERS
Puzzle # 153

6		1	0	8	0	4	7	0			4	3	2	
9	3	2	0	2	6	0	2	2		2	2	8	4	
	3	8	4	2	9	0	3	4	3	4	5	1	7	
		4	3	3	8			7		3	8	4	7	
3			2	3	3	6		7		8	7	7	4	
0	4	2		4	8	4	4	4		4	8	6	1	
4	5	0	8		7	5	9	1		7	2	4	0	2
	2	4	7	9	4	3		0	4	1	0	3	9	4
2	2	3	5	4	4	4		9	9	4	1	2	8	7
4		0	4	9	3	3	8	4		8	7	4	4	9
3			0	3	4	0	4	4		2	4	2	3	8
8				8	8	8	1	6	1	1		3	7	2
0	3	4	8	9	0	1	8	9	2	0				0
9						1	4	8		3	3			1
4	4	6	7	4	1	8	3			4		0		

FIND THE NUMBERS
Puzzle # 154

					4	1	1	0	5	4	8	3		
3	4	7	1	4	7	8	0	2	7			0		
3		4	7	2	3	0	7	1	4	8	3	8		
	4		8			3			1			7		
3	4	7	7	8	3	9	4	7	3	0		0		
			8		4			3	7			0	0	
			8		7		0	4				8		
					4		0		0	8		9	0	
						6		7		4	2	8		3
			3	8	4	4	0	1	4		3	4		
1	1	0	9	8	8	7	0	7	4	3		7	7	
			3	4	7	1	4	7	5	0	8	8	4	7
	3	8	4	0	7	4	0	9	0	7				3
	3	8	4	1	4	8	0	9	5	0	3	6		
3	8	4	5	4	7	2								

FIND THE NUMBERS
Puzzle # 155

	2		7	4	1	8	7	6	3	8	0	2	8	1
7	4	7		3	4	2	7	4	8	7	8	1	4	7
0	4		4	1	1	8	8	8	8	1	0	3	3	
1	8	7	4	1	8	7	4	8	7	4	1			
4	0	3	1	4	8	5	7	4	4	3		0		
8	7		2	0	4	7	3	7	8	1	4	7	5	
6	8		4		1	1	0	2	0	8	5	4	7	0
7	1		1	2	4	3	4	2	8	3	4	4		
	4		0	1	4	1	8	8	0	5	4	7	0	
	7		2		8	0	3	4	9	1				
			1		1	0	4	4	0	2	0	2	4	3
		5	0	4	7	9	4	7	8	2	4	1		
			8			4	0	1	0	7	4	2	0	
		5	0	1	2	4	7	0	0	9	4	1	1	
0	4	9	9	1	4	7	8	1	4	7				

FIND THE NUMBERS
Puzzle # 156

4		0	1	4	1	8	9	0	7	1	0	3	8	
	9		3	0	8	3	1	4	3	7	9		1	
		8	0	8	1	3	4	3	0	1			0	9
			2	7	4		8			4			9	7
				3	0	9		6		7		2	4	4
		8			1	4	8		0	4		4	3	8
3			0		4	5	1		2			8	4	9
3	0	2	5	1	8	3	6	8	7	8	7	3	7	4
		7			0				4	0		4	1	3
			4			6			2	1	0	2	4	4
				0						8	7	0	7	1
			3	4	1	7	4	3	4	3	8	0	9	4
0	0	5	0	0	5	3	0	7	5			4	7	4
					7	4	3	8	1	8	5		7	2
				3	0	7	7	4	0	8	5	0	7	5

FIND THE NUMBERS
Puzzle # 157

	1	4		4	1	1	0	1	2	1	0	2			
	4	4	9					4	8	8	4	1			
	2	1	2	0				2							
	7	8	8	8	3	4	2			0					
1	0	8	0	9	1	4	1	0			7				
	7	3	0	4	2	3	8	0	7	5	0	8			
	2	8	4	4	8	0	4	9	7	4				3	
	8		1	9	7	3	2	7	2	1	5				6
	3			1	8	0	3	1	4	4			0		2
	6				8	4	9	0	8	3	5			1	1
	4	1	1	0	5	0	2	3		9		5			0
7	4	1	4	1	2		3	3	4		8			0	2
2	7	8	1	3	8	8	7	9	4	1		4			8
2	8	9	0	2	8	8	7	0	7	2	3			0	4
4	1	8	9	0	9	3	4	2	0	6	7	0			8

FIND THE NUMBERS
Puzzle # 158

	9	8	8	6	4	1	0	2	2	0	2				
	9	8	8	6	4	1	4	4	3						2
			8				4	7	9	8	8	6	4	7	0
		3			6	0	5	4	1	4	6	8	8	9	6
	0	8	8	9		4	4								8
	1	9	0		8		1	0							8
	1	7	1	9	8	8	6	4	1	0	4	3	4	6	9
	4	0	4				6		4	4					7
	7	9	6					4		6	6				0
	6	4	8					4	1	4	6	8	8	9	9
	8	6	8		8	3	4	4	1	4	6	8	8	9	4
	8	8	9				8	2	0	6	8	8	9	9	
	9	8	8	6	4	1	4	7	9	3	0	1			
		9	2	8	9	8	8	6	4	1	4	7	8	1	
				8	7	4	9	8	8	6	4	7	4	7	5

FIND THE NUMBERS
Puzzle # 159

					3	9	0	1	0	8	7	4	2	
2	8	3	0	7	4	7	2	4	2	4	3	8	4	8
4	4			9		0						1		
3		2	1		8	2						1		0
9	2	0	2	4	7	0	2	0	3	0	3		0	3
4	3	8		4	3	8	2			0	4	8		2
7		4	2		7	3		3		3	9	3	9	7
9			8	7		2	0		0	8	2	8	4	4
0			9	4		8	7		4	4	4	1	7	
8	0			1	0	4		0	2	1	7	9	4	2
3		8		8		9	3		1	8	0	1	2	0
2		3	3			8			8	8	4	0	3	
4	8	0	9	4	1	1	8	9	4	0		3	8	
3	8	3	5	4	2	4	7	2	8	0	1		9	
9					8	8	2	0	1	2	0	8	9	

FIND THE NUMBERS
Puzzle # 160

	8	0	9	4	1	1	8	9	4	8					
		1	4	1	9	9	0	7	8						
8			4	9	8	1	1	4	9	0	8			4	
5			5	8	7	8	7	0	9	8	7			0	
0			9			8	4	4		2	7	0	5	9	
2	2	4	3	0	1	4	2	1	9			8	4	4	
4	7	4	3	3	0	1		1	0	8			7		7
5				3			4	8	1	2			8		
1	0				4	9			5	7	7	5			
0		4	1		3	8	4	7	4	9	8	0	4	0	
3		5	1	0	3	4	9		9	2		5	2	2	
4			4	1				8	4	9	0	4			
			0	4					0	2	4				
			3	0						9					
		3	4	8	8	1	0	5	4	7	5				

FIND THE NUMBERS
Puzzle # 161

	6	3	8	1	1	4	2	0	3	4				
8		3	4			2	4	9	0	1	2	4	7	0
4	3	0	8	7						2				3
2	4	4	7	0	4					0			6	8
8	2	0	7	4	0	1				2			0	9
3	4		6	4	2	2	1			7			8	9
6	0	1		8	3	8	4	4		0			1	8
	5		7	6	1	8	8	1	2	2			1	3
	0			4	3	5	4	0	3	4		2	8	6
	6				2	8	5	7	1	3	9	7	3	
	4				0	8	9	0	1	6	0	4	6	
2	4	0	1	8	3	6	3	3		2		2		
4	7	4	9	9	4	5		6	8		4	7		
			0	7	4	2	7	2	9	0	5	4		
			8	2	0	6	8	7	4		5	9		

FIND THE NUMBERS
Puzzle # 162

9	4	8	9	8		3	1	0	2	8	6	7	0	8
						4	3	0	2	8	3	4	8	
8					1	5			2			4		8
3	3			8	4	0				8		7		3
8		0	3		3	7	7				3	3		9
9			8	8		9	0	4				4		4
8	8	1	4	2	8	2	4	9	3			7	2	7
9	5	8	1		8	4	6	7	3	4		8		5
0	0	2	8			3	0	3	1	8	6	3		7
9	9	4	4	4		9	8	8	8	8		6		4
8	8	3	7		3	8		1	4	6	4			9
4	4	8	1			6			2		0	2		8
3	3	4	4				0					3	8	3
8	9		8		3	0	9	8	4	8			0	6
	8	6	0	5	4	9	9	4	3					2

FIND THE NUMBERS
Puzzle # 163

0					1									
1						4								
0	5		4			7								
9	0	4	6	3	0	7		8						
5			2		8			7	8				6	
				4		1		0	8	4			0	
					7	4	0		7	9	3		8	
						4	7	3		2	9		3	
4						0		2	4	1	9	8	0	
	7					1	6		3	7		8	3	
		4				9		1		0	3		2	6
			3			4			0	8	5	0	4	
				4		3	4	5	4	8	8	9	8	
					2					4	8			
					8					8				

FIND THE NUMBERS
Puzzle # 164

	2	7	0	1	8	0	1					5		
2												8		
4	0											1		
	3	3	2									4		
		8	3	4	4							9		
		0	1	1	0	7	4	1	6	3	0	5		
			7	9	4	3	0					8	1	
	7			8	8	5	9	5				8	4	
		4			8	0	8	7	3			7	2	
			4			0	4	8	4	0			4	
				1			2	2	7	1	2		8	
				8			2	0	9	1	4	0	9	
			5	4	1	1	4	4	7			3	4	
										1			5	
6	3	8	7	8	8	5	4	2	8				9	

FIND THE NUMBERS
Puzzle # 165

3	8	1	7	4	1	2	4	3	8	2	0	7	2	
	2	0	1	0	3	3	3	4	5				0	2
		4	0	0	2	1	0	8	7	4			0	0
			6	7	4	4	3	1	0	4			0	0
0	2	9				9		8					4	2
3	4	0					8		5				8	0
3	1	3	0					4		0			7	9
	4	4	4	8					1		4		0	4
	8	8	8	0	0	5	5	1	4	9	4	3	8	
	1	8	5	7	0						1		7	0
		8		3	3	0	6	4	4	1	4	7	8	1
		1			0	4	4	0	0	0	2	1	8	2
		1				2	4							
		4			1	0	2	7	4	8	8	4		
		4	8	7	0	4	8	7	6					

FIND THE NUMBERS
Puzzle # 166

		9	7	4	1	1	4	8	5	7	8	3	6	8
			7		1	8	1	8	3	6	8	9	4	3
0	4			4	3	5	4	7	3			1		
	2	1			5			3	4	9	3	0	2	
5		8	0			5						4		
	4		3	3	2	4	1	0	2	1	0	8		
3		7		0	8			0				9		
	3		2		9	0			6			1		
		0	7	9	3	8	7	4	2	0	7	4	1	5
			1		0			0				0		
				4		3	1	8	1	4	3	8		
						1				2		8		
	6	7	0	1	8	4	8	9	9	0	7			
			3	4	2	0	1	1	0	3	4			
9	0	5	4	1	4	9	0	2	0	8	4	3		

FIND THE NUMBERS
Puzzle # 167

					9	4	1	0	3	8	2	7	8	8
						8	1	8	5	0	3	4	9	8
4		8	8	2	0	8	7	2	4	0	9	7		2
	3	7				8	0	8	3	7	4	2		5
		0				1			3					1
3		3	1			0				4				4
	4	8		8	8	8	1				3			5
		0			0	7		0				4		1
		9	7			8				0			2	0
		2		8	1	4	9	8	8	5	3	4	8	3
		0			1						3			
		8		7								0		
		3			4	2	8	3	4	8	8	2	4	8
					3		9	4	1	1	8	0	8	
9	7	4	8	7	8	7	4	1	1	4	8			

FIND THE NUMBERS
Puzzle # 168

							5							
	6	1	4	1	4	1	4	3	0					
						1				3				
					1					4				8
	8	2	0	4	1	7	6	8	7			1		7
9					8	3	9	4	7	8	4	7		8
0	9	0	4	1	0	3	0	7		6				5
2		0			8	3	8	9	7	0	2	4	3	9
7		8	4			3		0						
4		7		8		9		8		4				
2		1			7	3	4	5	7	4	8	9	4	7
4		4			2		0		1		7			
9		3				3		8		4		0		
4		9	2	7	0	8	8	4		0		7		2
7							1		6					

FIND THE NUMBERS
Puzzle # 169

		3	4	8	4	3	4	8	3	3	4	7		
1	8	9	4	3	4	4	4	3	3					8
8			8	8	7	7	0	7	7	4	9	0	2	9
2	2						3		6					0
0	4	2						4	4					4
8	9	0		3	8	2	4	9	4	1				0
1	4	8							3	4				2
0	7	0							4		3			7
2	7	7	5	0	7	1	8	0	2	3	4	9	4	8
7	4	0					4	8	3	4	0	7		1
4	0	9			1	4	0	3	2	4	4	3		4
3	3	1	4	1	4	7	4	7	2	0	3	1	4	
2	6	4	1	3	4	3	4	0	7	7	8	3	6	
4		1								8				
5	7	4	6	6	0	9	4	7	9					

FIND THE NUMBERS
Puzzle # 170

			4	6	7	4	4	6	4	2	3	8	7	5
1	4	1	1	4	9	4	7	7	4					
							1	0	4	7	9	3	4	2
4	4	1	1	4	2	0	3	8	5	4				
8	0	8	3	9	9	4	7	3						
6	7	0	3	3	5	7	0	8	7	8	4			
2	8	3	3	8	5	4	6							
2	4	7	3	2	0	1	1							
						9		7						
						9			0	4				
						8				3	8			
						7					8	3		
						7						6	3	
						4							4	8
						2							7	2

FIND THE NUMBERS
Puzzle # 171

				3	4	9	6	3	8	7	8	0	2	
								9						
				6	0	8	3	2	4	0	3	0	2	8
										1				
3	4	7	0	1	3	0	1				4			
3	4	8	0	2	0	9						7		
		8	4			9	4							
3			8	4		4		5						
	4			7	7	7			5					
		8			7	3				4				
			8			0	4				7			
				3		3	7	2				8		
					0	0							4	
						2								3
						8								

FIND THE NUMBERS
Puzzle # 172

		9	4	3	4	1	0	0	7	8	4	9		
	4	8	0	4	2	0	2	8	8	8	4	9		
				5	4	1	4	1	3	8	1	4	3	
2			0	2	1	4	7	7	4	1	2	4	2	1
0	9				3								0	1
9	4	2	8	1	4	5	8	7	8	5			3	0
4	3	1	4	3	1	7	8	1	4	4			4	5
8	0	0	3	6	8	4	2	8	1	1	4	7	1	0
9	8					8							8	7
4	7	7				9							1	4
7	4		7	5	1	4	4	2	2	0	8		4	0
4	3			0		3							9	7
8	4				7								9	1
4		5	0	0	1	9	4	1	1	4	4		4	4
							2							8

FIND THE NUMBERS
Puzzle # 173

1	2	3	4	5	6	7	8	9	10	11	12	13	14	15
7			4	1	1	0	7	4	3	8	8	3	4	2
0		8	8	4	3	8	0	4	8	2	8	3	4	2
3	0	0	3	8	9	4	7	4				3		
8		0	1	9	4	7	8	3	6				8	6
2	4	3	5	4	7	2	0	9	8	4	3		6	4
0	3	7	0	2	0	9	8	2	0	1	1	4	8	3
1	9	3	0	9	0	2	2	7	4	7	3		9	4
1	4	3	9	4	7	8	4	7	9		4		0	8
4		2	7	4	2	8	2	0	1	1	4	9	1	
3	4	8	5	0	3	2	9	8	4	3	0		1	
7	4	9	1	0	5	4	5	9	4	8	8	8	4	0
			4	7	0	8	4	3	8	7	0	2	0	3
			4	1	1	0	2	8	9	8	0	7	3	1
2	0	9	0	9	4	6	7	0	1	3	4	3	4	6
		4	3	9	4	3	8	8	1	4	1	4		

FIND THE NUMBERS
Puzzle # 174

1	2	3	4	5	6	7	8	9	10	11	12	13	14	15
					3	3	4	5	4	3	3	8		
					4	3								3
9		3	4	9	4	1	5	4	3					4
	3	4	4	7	0	9	7	0	5	4	3			5
		4	2	5					7	4				8
3	3	4	3	3	4	5	4	3		9	3		3	2
	4			3	4	3					0		4	9
		5			4	3	3					7	5	4
			4	9		5	3	0					4	3
				3	2		4	4	1				3	8
					3	8		3	5	1			3	
8	9	3	4	3	3	4	5	4	3	4	4		8	
8	4	8	2	3	4	3	3	4	5	4	3		3	
3	4	5	8	2	9	8		2	3				6	
6	3	8	9	2	8	5	4	3	4					

FIND THE NUMBERS
Puzzle # 175

1	2	3	4	5	6	7	8	9	10	11	12	13	14	15
							4	3	0	1	9	0	7	9
	8	7	0	2	1	0	1	0						
	5	7	4	9	4	6	7	0	5	7				
		4			8	4	2	0	6	3	3	8	2	
3	0	3	8	4	1					7				
			6				3		4	0				
	2	7	8	3	0	6	7	4	1	4	3			
						0	3	4				3	6	
	3	7	8	5	9	0	2	0	4				4	4
							2	2	8					2
				4	0	7	4	4	7	4	1	1	4	7
	8	7	4	2	3	4	2	3		7	3			
				3	7	8	1	4	4	7	5	0		
3	4	4	9	3	8	8	4	7	0	4	4		8	
										2				5

FIND THE NUMBERS
Puzzle # 176

1	2	3	4	5	6	7	8	9	10	11	12	13	14	15
2	0	3	3	8	3	0	9	4						
		6	4	4		0	1	9	0	3	3	4	2	
1	7	7	2		3	6	7	0	3	3	0	3	2	
4	4	0	0		3	4		4	3				0	
7	2	3	3	2	0	3	3	8	3	3			3	8
0	4	3	3			4	0	3		3	0		3	9
3	1	4				0	5	0			0	6	1	0
3	0	0				0		0	3	1	2	5	4	3
0	3	7					3		7	4	0			3
	3			6	0	1	3	3	0	8	3			0
					2	4	2	2	0	3	3	4	7	7
	1	0	3	3	1	4	7	3		5	4	3		3
	8	9	0	3	3	8	3	6	2	4	3	3	0	7
7	2	8	2	3	3	0	8	0	2	8	0	6		7
	7	0	8	1	0	3	3	3	0	1	8	8		

FIND THE NUMBERS
Puzzle # 177

						5	4	6	3	8	7	0	0	4
			2		6	7	0	1	3	8	1	9	0	6
2			0	2	7	0	9	9	0	3	4	4	6	0
1	0		2	4		3	8							1
4		3	1		1	0	4	1						0
1			4		8	1	3	8	2					7
4		1	7	8		8	8	4	0	0				6
1		7	1		2	3	7	1	8	2	1			4
0		8	0			4		5	3	3	0	4		8
3		8	3				1		2	4	7	9	2	8
3		9	3					4		4	3	4		5
4	7	4	1	8	4	4	7	5	7	0	2	0	9	0
	4	1	1	8	1	7	8	0	3					1
2	1	0	7	0	8	1	8	1	1	4				1
				2	7	4	8	8	1	8	1	1	4	8

FIND THE NUMBERS
Puzzle # 178

5							0	3	8	2	4	7	3	
6	0	1	5	4	7	8	0	5	4					
2		2					7	8	1	8				
0			7	2	4			3	4		8			
1			8	0	0	7	3	4	8	1	1	8	7	6
1				2	3	8	6		7	0	0		4	
4	8	7	1	4	4	1	8	8	0	4	3	8		
7			1	4	4	7	6	9	3		3	4	4	
			0				9		7	3		2	4	8
			4		2	7	4	3	7	2	0	7	0	8
0			2	1	7	0	7	0	3	8	4	4	7	5
	7	0	4	1	5	8	4	8					1	
		8	3		8	7	4	1	1	4	2	4	0	9
6	8	9	8	8	0	1	6	0	7	4	2	4	7	9
				0	0	7	7	0	1	0	2	4	7	

FIND THE NUMBERS
Puzzle # 179

2					3	4	5	5	4	7	4	7	3	
0		4	9	0	2	8	1	4	3				7	
2	3	7	4	9	9	8	1						8	
7	3	4	3	2	4	4	1	8	2	0	5		3	
4	7	1	9	4				4					0	
1	0	9	4	3	1		2		7				0	
7	3		8	2	4	8	4	0		4			1	
4	3			0	4	2	9	3	8		2		1	
2	2				1	2	7	2	4	2	5	1	4	3
4	7					4	8	4	3	9	4		0	
3	0						7		5	8	8	7		
	5	1	0	1	4	7	5	0	1		9	2	5	
	9						8	3	9	4	3	8	4	
	4		8	3	3	4	1	0	9	8	1	4	8	
	3	4	2	4	7	1	4	2	4	7				3

FIND THE NUMBERS
Puzzle # 180

		7	4	1	0	4	2		3					
				3		4	7			1				
					8		2	2			0			4
	9			6	7	9	8	2	8			2		8
	0				0		8	3	0	5			8	1
	2		1			3	7	7	0	3	9			4
2	0			4			3	4	4	5	3	4		0
8	2				3		0	7	3	9	4	0	8	7
1	0	0	7	4	3	3	2	7	8	0	1	9	1	3
1	3		1		2	2	4	2	4	1	1	0	8	4
8			1			4	3	3		9		0	2	
0		2	8	1	3	4	7	5	4	7	7	4	0	
2						1	1	4	1	5	2	0	2	5
8							4		3				2	
7	4	7	2	9	0	7	9	6						

FIND THE NUMBERS
Puzzle # 181

				4	0	7	9	7	3	0	4			2
4				2	4	4	2	0	8	5	5	0	7	4
8	0	2	9	8	8	7	7	2						2
7	4	3		9	0	3	4	9	4	4	3	9	7	4
0	4	0	6	0			2							7
3		0	3	3	0			4						8
0	4		3	8	8	5			3					0
0		4		0	0	3	3		3	4				1
0			2		1	1	4	0	8		2	4		3
0				4		2	2	1	2			0		0
7					1			0	0	0		8	4	4
						1			1			9		4
	1	0	1	4	7	3	0	4	8	4		4		
								7			2	7		
						2	0	7	3	8	6	7	0	8

FIND THE NUMBERS
Puzzle # 182

		6	7	2	3			4						
8	3	7		8	4	0	0		3					
4		0	7	6	4	3	9	8	3	0				
0		3	9	0	3	3	6	8	7	4	2			
9	6	0		8	8	3	0	4	8	4	5	7		
7		0	4	0	8	8	0	1		0	6	0	4	
0	0		3	3	8	3	8	1	6		4	8	1	6
4		1		3	4	1	0	0	4	3		1	3	
7			6		0	0	2	7		5	0		5	
4			2	4	3	8	2	4	6			1		0
0				1	7	0	5	8	1	5				
						8				4	0			
2	0	1	0	4	8	8	0				2			
				0	2	8	7	5	0	7	9	0	4	8
0	8	8	4	3	4	3	3	8						

FIND THE NUMBERS
Puzzle # 183

	1	4	2	0	7	0	2							
4	1	2	8	8	2	0	4	7	2					
4	5		3		4									
0	7	8			2	9	9							
2	1	7	7	0		4	7	0						
0		1	4	2	3	1	7	4	1	9	7	0	9	
7	8		8	1	9	0	0	1	1	4				
8	2			3	8	3	3	1		7	2			
7	8	4			0	0	8	0	1		4	4		
2	7		7			1	7	2	1	1		7	7	
0	1			8	2	2	4	5	5	4	4		8	2
1					0	0						6		
1				3	0	2	4	5	7	4	9	9	0	1
4	8	9	7	0	2	1	4	7	7	4				2
2	7	4	2	0	4	7	4	0	3					

FIND THE NUMBERS
Puzzle # 184

	2					1	0	7	9	3	4	2	4	1
		0			2					0				
			9		4						0			
5	4	7	9	4	7							0		
		4		1	7								3	
		0		2	4	8								4
		3		1	0	1								
		0			0	1	8							
						7	1	3						
							7	4	9	3	0	7		
							0	7						
								6	9					

FIND THE NUMBERS
Puzzle # 185

				8	5	4	2	8	0	1	8	5	4	3
2		2	6	3	8	6	0	0	2	0	5	4	7	5
8	3	4	7	9	0	1	3	3	4	8	7	4	9	8
3		2	0		7	2	2	8	3	3	4	7		9
0		4		5	2	8	1		5				5	4
7		3			5		1	0		5			8	0
4	3	9			0	4		0	1		8		6	8
9		4			1		2	8	1	5		5	2	5
8	8	8	8		8			9	4	3	4		4	4
	4	4		8	3	8	4	1	0	0	7	4	3	4
		1	8		7					9	6	4	9	3
			4	4		4		8	5	2	8	7	2	8
			7	4		1						4	8	5
				2	1		8						3	0
		8	4	9	0	2	0	3	4	4	7			1

FIND THE NUMBERS
Puzzle # 186

			6						2	7	0	9	8	7
				4		3	0	3	8	0	6	8	3	8
			1		3	8	4	9	3	4	8	3		
	5		4			4	4	9	4	2	0	7	4	3
		0	2	1			5	3						
			4	0	9	0		0	5					
			8	6	2	4	2	5	7	4	3			
				0	4		2	8	4	4	7	3	0	2
		8		7	2			0	0	7	9	2		
			0	2	4	8	9	0	8	9	6		4	
				0	7	4		8	1	4	3	0		8
				6		3		4	0	3	0	4		
	9	7	0	3	9	0	3	4		3	3		5	
				3	4	7	4	8	2	4	3	4	2	
	6	0	4	3	0	7	4	3		2			9	0

FIND THE NUMBERS
Puzzle # 187

	1	3	9	4	3	3	4	1	4	0	7			
	1	4	4	3	4	7								
	0			3		8	8	4	1	6	3	8	9	8
	4				3									0
2	4			1	4	0	5	2	0	9	9	4	7	6
4	7			1	0	2	1	1	4	1	4	4	4	0
4	2	0	7	5	4	3	9	4	7				3	7
1	7			4					0				2	1
2	0				7				2	1			0	0
0	7					4				8	1		8	6
7	3	4	8	2	4	0	9				3		4	
3			2					8				8	3	
4				4					0				3	
7					1						1			6
						5					5			

FIND THE NUMBERS
Puzzle # 188

		8	4	2	8	9	4	6	0	5	5	4	9	8
			8										6	
	4		1	0	4	6	4	7	9	9	0		7	
		2			5								4	
			3			0	4	4	1	4	2	4	0	1
				6	6		2						3	
				6	4	0	1	0	7	4	0		3	
			4		0	0			1				7	
3				7	1		1						4	
	7				0		5	4	0	3	4	8	5	8
		0			5	8							5	
			2		5		2						8	
				3	4			8					3	
					4					8			6	
						7				1				

FIND THE NUMBERS
Puzzle # 189

9				4	3	0	1	0	0	0	6			
7								9	4	2	4	3	1	0
4					8	4	9	0	2	0	1	7	0	2
7	3	8	9	7	4	6	1	4	2	4	7	8	3	
4		7	4	7	4	5	3	4	1			3	4	
1	4											3		3
0		3	3	6	0	8	3	8	3	8	3	4		9
7	2		8	8	1							7		7
2		0	6	1	1	4	9	4	2	0	6	0	9	4
	0		8	1	1	0	3					1		7
		5	9	7	0	4	3	4				8		0
			4		9	1	7	9	1			1		5
			3	7		8	8	5	8	4		7		8
			8		5		1	0	4	3	9	0		3
			3						2	3		3		4

FIND THE NUMBERS
Puzzle # 190

				4		4								
					7		7							
1		6		7		4		2						
	4		3		4		9		3					
	4	4		8		9		8		0				
		2	9		2		4		0		1			
			4	8		4		2		1		0		
					3		1		4		1		1	
						4		1	4	7	6	8		0
						7					0			
						4	9	0	0	4	1	1		
						3	4	1	8	1	4	1		
							3	7	0	5	5	8	1	1

FIND THE NUMBERS
Puzzle # 191

4	8	8	2	7	4	3	4	3	8	8	9	0	4	
5	7			4		6		3						1
9	7	4			5	0			4					8
9	7	4	3			8					8			8
4		4	2	3		4	3				6			8
1	8		0	4	8	9	6	6				4		9
4		3	7	7	8	3		3	8				7	0
1			7	4	0	8			8	0				9
8				0	2	5	6			2	8			8
8				3	2	7	8	7				2	1	4
8				8			4	8	4			8	1	3
4				3				4	9	0			2	8
3				6					2		5			8
		7	4	7	0	1	6	7	4	0	5			
5	0	5	5	1	4	8								

FIND THE NUMBERS
Puzzle # 192

		0	0	2	3	0	8	9	5	4	6	4		
7							9	1						
2	0		7	8	6	7	1	0	3	3	4	7		
0		1				3			7	4			2	
3			0			3			4		4	6	4	
3			3	3		4			3		0	0	2	
1	3			4	0		7			8			7	
4		4			7	1	9	3			0		8	3
3			7			3	7	0	4				4	2
6				5			0	4	1	1			4	
7					8			2	2	0	4		5	
0						3			7	3	3	3	7	
8					5	4	1	3	4	3	4	0		
7					5	1	4	2	3			6		8
						0	7	0	4	2	0	3	4	4

FIND THE NUMBERS
Puzzle # 193

								6						
	5	7	8	3	2	4	1	4	3	9				
	3							0		8	8			
4	3	4	7	4	0	8		4	2		7	7		
			8						9	8		0	4	
	5		6	5						9	9		5	2
	1	4	6	3	8	1	7	4	8	1	0	0		8
	0	7	2	8	8	8	0	1	2		7	0		
5	0		5	5		6	1		3				2	3
0		3		8	0		7	0		3				
7			5		2	2		0	5	4	4			
9				0		7	4		7		0	2		
8	5	4	3	8	8	1	4	3		2		2		
1						7		2					0	
4	1	1	0	3	7	0	1							1

FIND THE NUMBERS
Puzzle # 194

			7											
				2					6					
					8					8				
	6		3			8						9		
	1	8		4		7		9					0	
	0		9		8		8		8					2
	8			7		9		2	5	0	0	7	4	
	9			7	0		0	5	2		9			
	1		3	3	4	6	4	7	7	4		3		
	4					7	8		8	4	1		0	
	1						5	5		5	0			5
	1							4	3		8	3		
									3	8		3	8	
											4		8	6
	3	3	7	4	1	0	0	5	4	1				

FIND THE NUMBERS
Puzzle # 195

		8		7										
9	8	1		0		4								
4		8	0		8		0							
7	4		0	9	5	7		2						
3		2	7	1	4	5	9		0					
8		3	7	4	4	4	0	4		9				
9	1		8	0	3	2	0	7	3		0			
4	4		0	6	7	3	1	4	8		8			
1	1			0	4	0	8	4	6	2		8		
4	8				4	3	9	1	3	7	8			1
3	2	2	0	3	3	8	8	0	0	4	3	4	0	
8	4					2	3	8	0	4	4	9		
						8	0	3			3	6		
8	2	4	9	9	8	0	1	4	1	9	8	0		
										7	3	3		

FIND THE NUMBERS
Puzzle # 196

	5			6	4	1	3	8	2	8	9	7		
	8		3	0	8	2	8	9	7	4	2			
3	0	8	2	8	7	9	2	4	1	4				
	3				4				4					
4	4	3			1			2						
5	9		9	7	4	1	8	7	3	1	0	2	0	
9	0	1		8	4	2		9	0			0	5	1
8	3	2	0	1	8	2	8		8	1		7	1	
2	4	7	0	7	0	2	1	3		8		5	0	
8	7		4	8	9	9	0	4	0		9	4	2	2
0			9	9	4	2	2	0	7			3	1	4
3				8	4	3	7	7	3	2	9	4	1	
				3	7	3	4	0	4	4	7	3		
	1	7	8	2	0	1	0	4	4	7	7	2	4	
	3	0	2	9	8	4	5	9		7		5		7

FIND THE NUMBERS
Puzzle # 197

0					6			7				1		
1	4	1	4	1	1	3	2		4			0		
0	8				2	3	4	3	7	4	6	5		
3	2			3	7		1	7			8	5		
1	8			1	0		1		9			0		
4	6		8	4	5	7	8	4	8	8	4	1	4	
0	4			7	5		3				2	3		
3	7			2	4		8	4	3	0	3	7	4	2
	9			0	4	3			2			8	0	
2	0	7	6	3	8	3	3	0	2			3		
	4	3	2	7	8	9	4	0	7	7	8	7	2	8
						4	8	8	0	7	3	4	7	5
	2	4	8	8	8	7	6	8	7	4	5	0	7	3
					6	3	0	4	4	3	7	4	9	
	3	0	1	8	3	8	2	4	9	9				

FIND THE NUMBERS
Puzzle # 198

	8		4	1	0	1	4	0	7	3	0	4		
		3	6	0										
4			3	4	3									
3	0	4	0	4	4	8								
4	4	3	0	8	5	3	0							
2		8	3	3	7	4	5	2						
4			9	4	6	2	3	7	9					
4				0	2	3	4	3	8	8				
0					5	7	8	3	4	3	8			
7						8	4	3	3	3	0	7		
8							2	9	4	4	2	4	7	
3								3	8	1	8	4		2
0									0	0		3		
4										2	4		0	
				4	0	3	8	4	4	7	4	7		4

FIND THE NUMBERS
Puzzle # 199

		3	2			4	3							
	5		1	4	2	0		3	8					
	0		4	5	0	3	6	3	4	9	5			
	1	6		8	4	1	6	3	0	1				
	1	4		9		2	8	7	4	0	7	9		
	8	1		0		7	9	2	8	9	2	8		
8	9	7	0	3	4	1	3	8	7	8	8	9	8	2
	7	4		3	3	5	3	2	4		2	4		
	8	2			4	4	7	0	5	8		7	7	
8	2	7	1	0	3	3	3	2	4	7	5	8		9
	0	4				3	7	8	6	0	0			
4	0	3	8	8	7	4	1		0	0	8	1	3	2
	8	2	2	4	7	3	0	7	5	1	0	0	6	
3	4	8	1	7	2	0	2	7	2	8	4	7	2	
3	3	4	3	3	4	5	8	1	8	4	7	6	4	

FIND THE NUMBERS
Puzzle # 200

		6	7	4	4	3	8	1	4	7	4			
	5				0	5	4	7	9	2	0	4	3	4
	5	7	3	4	9	6	3	8	1	7	0		2	
		1	4		1			3					4	7
			8	8	0			6					7	8
	2	9		3	3			4					2	1
		0			9	4		5					4	4
7		2	7		0	3	1	4	2	3	8	1	8	7
4		0		6	3	4	7	7	0	2			9	8
2		8			3			9					4	8
0		4			2	8	4	7	0	3	0		7	3
5		3		4	7	4	2	4	6	9	3	4	2	4
4	3	4	8	8	3	0	2	7						
7			4	1	0	3	8	1	8	1	1	4		
3	4	4	3	0	4	7	8	2	4	1	8	1	4	